STACEY THACKER & BROOKE MCGLOTHLIN

Mãe 24 HORAS

— ESPERANÇA PARA A MÃE EXAUSTA —

UNITED PRESS
UM SELO EDITORIAL HAGNOS

Published by Harvest House Publishers
Eugene, Oregon 97402
<www.harvesthousepublishers.com>

Tradução
Karina L. de Oliveira

Revisão
Josemar de Souza Pinto
Andrea Filatro

Capa
Maquinaria Studio

Diagramação
Sonia Peticov

Editor
Juan Carlos Martinez

Coordenador de produção
Mauro W. Terrengui

1ª edição — março de 2017

Impressão e acabamento
Imprensa da Fé

EDITORA HAGNOS
Av. Jacinto Júlio, 27
São Paulo - SP - 04815-160 Tel/Fax: (11) 5668-5668
hagnos@hagnos.com.br - www.hagnos.com.br

Dados Internacionais de Catalogação na Publicação (CIP)
Angélica Ilacqua CRB-8/7057

Thacker, Stacey

Mãe 24 horas: esperança para a mãe exausta / Stacey Thacker & Brooke McGlothlin; traduzido por Karina L. de Oliveira. — São Paulo: Hagnos, 2017.

ISBN 978-85-243-0532-0
Título original: *Hope for the weary mom*

1. Mães — Vida cristã 2. Maternidade — Aspectos religiosos 3. Cristianismo I. Título II. McGlothin, Brooke III. Karina L. de Oliveira

17-0353 CDD–248.8431

Índice para catálogo sistemático:

1. Mães – Vida cristã

Sumário

Reconhecimentos

Stacey

Mike: Obrigada pelo seu amor, apoio e por acreditar que sou uma escritora. Eu não conseguiria fazer isso sem o seu apoio. Obrigada por me ajudar a tornar o meu sonho realidade.

Minhas meninas: Eu sou a mãe mais abençoada do mundo por tê-las como filhas. Obrigada por torcerem pela mamãe e me darem tempo para escrever a cada dia. Vocês são incríveis, e eu as amo muito.

Mãe: Nós aprendemos neste ano que a esperança é a âncora que nos firma em todas as coisas. Eu a amo muito e tenho orgulho de ser filha de uma mulher tão valente.

Pai: Você já vê face a face o que nós só podemos ver vagamente. Como sou feliz por termos a esperança do céu e da eternidade juntos! Eu sinto saudade de você todos os dias.

Robin, Angie, Tanya, Krystal, Emily e Gretchen: Obrigada por tomarem tempo para ler os rascunhos dos capítulos e por me encorajarem. Eu fui capaz de confiar em vocês de coração neste trabalho, porque vocês são mais irmãs do que amigas.

Kristin: Obrigada por ouvir o Senhor e ver o que poderia ser a "Esperança". O seu amor e o seu apoio são tudo para mim.

Brooke: Mal posso acreditar que estou nesta jornada com você. Eu amo ver Jesus brilhar por meio das suas palavras e do seu ministério. Você é um presente para mim, querida amiga.

Chip: Obrigada por acreditar na "Esperança" e encontrar o lar perfeito para ela. Eu sou realmente grata pelo seu apoio e trabalho árduo.

Kathleen e equipe da *Harvest House Publishers*: Obrigada por dizerem "sim" e nos darem a chance de alcançar ainda mais mães com a "esperança". Foi uma honra fazer essa parceria com vocês!

Jesus: Obrigada por me enxergar no meu caos e me encontrar no meu quebrantamento. O Senhor me amou demais para me deixar ali e me chamou para a "Esperança". Que o Senhor seja glorificado por meio desta humilde oferta e toque o coração de cada pessoa que vier a ler este livro.

Brooke

Cory: Obrigada por simplesmente fazer as coisas. Por limpar, lavar, dar banho, comida, aula e todas as outras coisas que você fez para que eu pudesse ter tempo para escrever. Você é um presente para mim.

Meninos: Vocês são a razão para este livro, mas mesmo nos dias mais difíceis eu ainda sou muito grata por ser mãe de vocês. Obrigada por me manterem desesperada por Jesus e por sempre me darem abraços de longos e apertados de menino, quando eu preciso. Vocês são os meus meninos preferidos no mundo todo!

Mãe e pai: Vocês sempre acreditaram nos meus sonhos. Agora, sendo adulta, posso ver com clareza que vocês não só acreditavam nos meus sonhos, mas se sacrificaram por eles. Eu só espero amar os meus filhos tão bem assim. Obrigada por terem encurtado a sua viagem para a Flórida a fim de ficarem em casa para que eu pudesse ter tempo de concluir este livro. Eu não conseguiria fazê-lo sem vocês.

Jamie e Meggen: Muito obrigada por torcerem por mim me encorajando a seguir em frente e pela forma com que vocês me serviram durante a última época de dificuldade da minha vida. Eu nunca vou esquecer.

Kristin: Você ouviu o Senhor. Obrigada.

Tracey Lane: Obrigada por me deixar entrar no seu coração e por falar tão abertamente sobre Jarrett. Foi um privilégio conhecê-lo.

Stacey: Eu não consigo me imaginar escrevendo este livro com outra pessoa. Se eu tivesse que ficar "presa" com alguém, com toda a certeza e alegria seria você! Sou muito grata por suas palavras de conselho e encorajamento, tanto neste livro quanto na minha vida.

Erin Mohring, Jamie Sorano e Logan Wolfram: Obrigada por me ajudarem a juntar ideias dos pontos fortes da mamãe e por compartilharem as suas histórias.

Chip MacGregor: Você acreditou em nós e na necessidade de continuar estendendo a mão para as mães exaustas. Obrigada por capturar a visão e defendê-la para nós de tantas maneiras que vão além do dever da sua função. Nós somos muito gratas por você.

Lysa TerKeurst: Você é um grande presente. Obrigada pelo seu encorajamento, pela sua sabedoria e contribuição especializada nos originais deste livro. Nós somos gratas pela sua vida e pelo ministério da Compel.

Equipe de lançamento de *Mãe 24 horas*: Nenhuma palavra será realmente suficiente. Obrigada por suas orações fiéis, sua opinião e seu encorajamento para transmitir esta mensagem. Vocês são graça de Deus para nós.

Meu Jesus: O Senhor é suficiente.

Prefácio

De uma mãe EXAUSTA para outra

Você deve pensar que, porque escrevi alguns livros para pais e um zilhão de artigos e *blogs* sobre criação de filhos, que já dominei a arte de ser mãe. Eu já sou mãe há algum tempo, de modo que isso também deveria ajudar. A verdade é que no momento em que estou escrevendo isso, os meus filhos têm as idades de 24, 21, 19, 6, 3 e 3. E eu estou exausta. EXAUSTA.

As pessoas reagem de várias formas quando conto que sou mãe de seis crianças. E aí, quando eu digo a idade deles, as pessoas ficam confusas mesmo. Depois de criar os nossos três filhos mais velhos, que já são quase adultos, Deus levou John e eu a adotarmos mais três. Nós adotamos a Alyssa (uma das crianças de 3 anos de idade) ao nascer e, só no ano passado, adotamos a Bella (6 anos) e o Casey (3) pelo sistema de adoção. Para ser completamente honesta, achei que a segunda rodada seria mais fácil. Eu aprendi como estabelecer prioridades e colocar o foco no que é importante de verdade, enquanto tento não me comparar com os outros. Depois de criar três filhos — a inquietação da alimentação, a batalha do banho, o cuidado e as correções —, você deve pensar que eu já teria compreendido essa coisa de ser mãe. (Ou pelo menos é o que eu pensava.) Errado!

Eu tenho mais alguns truques na manga e já tenho uma dose maior de cabeça fria (ou talvez eu só tenha amolecido com a idade), mas criar filhos ainda é ÁRDUO. Há vezes que eu estou tentando dar banho numa criança irritada ou disciplinar duas crianças que estão se pegando pela garganta e penso: "Por que eu me inscrevi para isso de novo?" Há momentos em que escuto "Manhê!" vindo do outro quarto e eu preferiria cobrir a cabeça com o cobertor em vez de me levantar e fazer um pão com salsicha. (Eu tenho quase certeza de que o meu filho de 3 anos come salsicha todos os dias no café da manhã. "Salsicha" foi a primeira palavra que ele aprendeu!)

Eu fico exausta com as disputas pelo poder, de colocar as minhas necessidades por último, de tentar me lembrar de coisas importantes como fazer refeições saudáveis, manter as tomadas elétricas tampadas e ler histórias bíblicas a fim de plantar a palavra de Deus no coração dos meus filhos. E isso não quer dizer que eu já terminei o meu papel de mãe com os maiores. Eles precisam de conselhos, roupa limpa e uma primeira revisão dos trabalhos da faculdade, mas, sobretudo, precisam de ouvidos dispostos a ouvir. Eles precisam de alguém que fique indignado com o professor irrealista de civilizações ocidentais tanto quanto eles. Eles precisam de alguém para perguntar "Tem alguma coisa errada?" quando é óbvio que tem algo errado. E, como o meu mais velho acabou de se tornar pai, ele precisa de conselhos sobre criação de filhos — coisa que eu tento dar só quando me pedem!

Criar filhos é mais trabalhoso do que eu sonhava. Com crianças nas duas extremidades do espectro, eu me dou conta disso novamente todos os dias. Felizmente, eu tenho Deus a quem posso recorrer. Ele é a minha força, minha sabedoria e minha esperança. Felizmente, existem livros como *Mãe 24 horas* que me fazem lembrar que eu não estou sozinha. Isso me aponta para a direção certa... mas, sobretudo, me aponta de volta para Deus.

Você está se sentindo exausta, sobrecarregada, desvalorizada e flagrantemente esgotada? Bem, você veio ao livro certo. Brooke e Stacey são mães que também trilham essa estrada e estão aqui para estender os seus braços invisíveis por meio destas páginas para lhe oferecer um abraço de compreensão... e alguns conselhos maravilhosos também!

Eu conheço essas mulheres e conheço o seu amor por mães. Estas páginas foram banhadas em oração da mesma forma que foram repletas com a verdade de Deus. Saiba, leitora, que elas oram por você. Saiba que você não está sozinha. Saiba que existe alguém que estará presente nos seus momentos desgastantes. Sinta-se encorajada enquanto Brooke e Stacey compartilham a sua própria jornada para encontrar força e paz naquele que as ama mais do que tudo — ele, Jesus, que também ama você mais do que tudo.

Caminhando com você pela estrada desgastante (mas satisfatória).

TRICIA GOYER

Autora de mais de quarenta livros, incluindo *Blue like play dough: the shape of motherhood in the grip of God* [Como massinha de modelar: o formato da maternidade nas mãos de Deus].

<www.triciagoyer.com>

Introdução

Cara mãe exausta,

Se você está lendo este livro, algumas coisas podem estar acontecendo com você. Primeira, você é mãe. Segunda, você está exausta, cansada e jogando a toalha. Você também pode ter visto a palavra "esperança" e pensado: "Isso me seria útil se aparecesse no meu caminho".

Em 2011, derramei o meu coração numa postagem do *blog*, intitulada "Steve Jobs, eu, e sem condições de ser maravilhosa". Aqui está o que estava escrito:

> A grande notícia desta semana é que Steve Jobs renunciou à presidência da Apple. Em uma carta para a comunidade e o conselho da Apple, ele disse:
>
> "Eu sempre disse que, se houvesse um dia em que eu não pudesse mais cumprir meus deveres e atender às expectativas como presidente-executivo da Apple, seria o primeiro a informá-lo. Infelizmente, esse dia chegou."[1]
>
> Ao ler isso, uma coisa me veio à mente: O que acontece quando você é mãe e sente que não está cumprindo com os seus deveres ou atendendo às expectativas dos outros e você não pode se demitir? A quem você informa?
>
> Aqui está a carta que eu escreveria se tivesse alguém para enviar:

---

[1] Da Reuters, "Veja a carta de renúncia de Steve Jobs da presidência da Apple" — G1. 24 de agosto de 2011, <http://g1.globo.com/tecnologia/noticia/2011/08/veja-a-carta-de-renuncia-de-steve-jobs-da-presidencia-da-apple.html>.

Querido Senhor (imaginei que eu deveria ir direto ao topo),

Eu sempre disse (ultimamente, na verdade) que, se eu não pudesse mais cumprir com os meus deveres e atender às expectativas como esposa, mãe, professora e incentivadora dos outros cinco que vivem nesta casa, seria a primeira a informá-lo. Hoje, chegou esse dia. Eu tenho...

- Falado alto
- Gritado (não é a mesma coisa?)
- Chorado
- Pedido perdão
- Falado alto
- Gritado
- Chorado
- e, bem, o Senhor já entendeu.

Na maioria das vezes, eu tenho falhado em todas as categorias. Eu estou cansada e não muito bem para quase nada neste momento. O problema, Senhor, é que eu preciso ser incrível e não tenho mais condições de ser maravilhosa. Pelo menos é dessa forma que eu me sinto.

Senhor, estou seca. Vazia. Fatigada. Eu não tenho nada. Só pensei que deveria informá-lo. Mas então, mais uma vez, o Senhor já sabe. *Senhor, tu me sondas e me conheces* (Sl 139.1).

Então, amiga, você consegue se identificar com isso? Está tudo bem se você se identifica; você pode simplesmente orar por mim e me mandar um chocolate. Como eu gostaria de ter esse bate-papo tomando um café num lugar bem legal.[2]

Para minha surpresa, a resposta das outras mães foi expressiva. Muitas mães comentaram que se identificavam com a minha luta.

[2] Thacker, Stacey. *Steve Jobs, me, and being fresh out of amazing* [Steve Jobs, eu, e sem condições de ser maravilhosa], Stacey Thacker (*blog*), 25 de agosto de 2011, <http://www.staceythacker.com/2011/08/25/steve-jobs-me-and-being-fresh-out-of-amazing/>.

A minha amiga Brooke era uma dessas mães. Ela disse: "Eu me identifico demais com o que você está dizendo aqui, Stacey, porque me sinto desse mesmo jeito. Neste exato momento, não tenho nada para dar. Nada. Zero. Eu estou cansada e não me sinto bem e, honestamente, quero uma folga de tudo". Eu respondi ao comentário dela. Mais tarde, ela me enviou um *e-mail* para continuarmos a nossa conferência. Dessa conversa, nasceu *Mãe 24 horas*.

Eu e a Brooke nos demos conta de que não estávamos sozinhas nessa situação de exaustão. Nós queríamos achar uma forma de encorajar outras mães que estão, como nós, sentadas na cozinha de casa sentindo-se desse mesmo jeito, de modo que escrevemos algumas postagens no *blog*, criamos um *website*, uma página no Facebook e uma *hashtag* no Twitter (#WearyMom), porque somos blogueiras, e isso é o que nós fazemos.

Resolvemos nos arriscar colocando a série do *blog Hope for the weary mom* num livrete digital oferecido gratuitamente para quem se inscrevesse em nossos dois *blogs: Mothers of daughters* [Mães de meninas] e *The MOB society* [A sociedade MOB] — para mães de meninos. Também o disponibilizamos para os leitores de Kindle no *site* Amazon por uma pequena taxa. Nesse processo, encontramos milhares de outras mães que também estavam buscando um pouco de esperança. Os planos de Deus para *Esperança* eram muito maiores do que eu imaginava. Ao longo dos meses seguintes, ficamos espantadas com a reação à mensagem.

Eu e a Brooke lhe contaremos que não compreendemos tudo. Essa é a nossa jornada. *Esperança para a mãe exausta* se tornou mais que uma postagem de *blog* ou que o livro que você está segurando na sua mão. A nossa paixão neste momento é encorajar toda mãe que está sobrecarregada pelo desgaste da vida com a verdade de que Deus a vê — que ele quer ir ao seu encontro no meio do seu caos e lhe oferecer Esperança verdadeira e duradoura.

Queremos que você saiba que somos imensamente gratas por você entrar nesta jornada da *esperança* conosco. Nós estamos orando por você.

Prossigamos com esperança.

STACEY THACKER
BROOKE MCGLOTHLIN

CAPÍTULO **um**

Quando você só consegue enxergar a SUA FRAQUEZA

Brooke

Cerveja e cigarro.

É... você leu certo. Cerveja e cigarro. O telefonema foi mais ou menos assim:

> "Querido, eu preciso que você venha para casa, agora. O de 2 anos está gritando, porque ele quer sentar no meu colo enquanto dou de mamar para o bebê. O bebê está gritando, porque o de 2 anos fica tentando sentar na cabeça dele. Quando o de 2 anos tenta sentar na cabeça do bebê, ele não consegue mamar. Agora ele não quer mamar de jeito nenhum e está se acabando de gritar. O cachorro começou a chorar, porque quer comida (não é isso o que todo mundo faz?) e eu vou explodir nos próximos minutos se você não VIER PARA CASA E ME TROUXER UMA CERVEJA E CIGARRO, AGORA!"

Ele me trouxe uma Coca-Cola e chocolate meio-amargo.

FRAQUEZA SUPERSÔNICA

Os meus meninos preciosos nasceram com apenas 23 meses de diferença. Nós não planejamos que fosse necessariamente desse jeito, mas, apesar disso, aconteceu. Se você já leu o meu livro *Praying for boys: asking God for the things they need most* [Orando por seus meninos: pedindo a Deus as coisas de que eles mais precisam], saberá que eu realmente orei e pedi para Deus nos dar meninos! Eu queria criar homens que amassem o Senhor de todo o coração, que escolhessem tomar posição pelo que é certo, que fossem transformadores do mundo. É que me ocorreu que existia uma escassez de homens piedosos de verdade no mundo e que, como pais, nós estávamos perdendo a batalha pelo coração dos nossos filhos homens. Então, durante um tempo de orgulho autojustificado na minha própria capacidade como mãe (sim... isso foi *antes* de termos filhos), eu pedi para Deus nos dar meninos. E ele fez a minha vontade.

Os meus meninos, como outros inúmeros garotos pelo mundo, são apaixonados por serem heróis. A minha vida como mãe de meninos é feita de máscaras, espadas, sabres de luz e duelos com vilões até a morte.

É raro um dia que passa no Lar para Meninos McGlothlin que não tenha alguém usando uma capa.

Eu amo isso. Espero que eles sempre queiram resgatar donzelas em perigo, trazer flores para a mamãe e derrotar os vilões. Fingir que eles resgatam os mais fracos faz que se sintam úteis e importantes. Correr em volta da nossa casa com a sua capa flamulando ao vento faz que se sintam fortes. Eu acredito que desenvolver essas características nos meninos pequenos os prepara para terem força, compaixão e coragem mais tarde na vida. Os super-heróis, aqueles da televisão, dos livros de história e (os melhores!) da Bíblia, dão a meus filhos algo que sirva de padrão para a sua vida posteriormente. Isso é muito, muito bom.

Sim, eu quero criar rapazes fortes. Mas na maior parte do tempo, devo confessar, sinto-me terrivelmente fraca.

Durante aquele primeiro ano de vida dos meus garotos, houve muitas noites em que eu achava que não conseguiríamos. Os meus dois meninos são "daquele tipo". Sabe aqueles que são extremamente ativos, que querem participar de tudo, não aceitam o *não* como resposta, que preferem lutar a respirar, falam sempre no mesmo volume (ALTO) e geralmente deixam o meu marido e eu completamente sem fôlego no fim do dia? Mesmo quando eram menores, eles brigavam muito e até hoje gastam mais tempo discutindo do que fazendo qualquer outra coisa.

A minha voz interior, aquela que gosta de mostrar toda a minha feiura, se aproveitou dessa situação para me dizer que eu nunca seria qualificada para ser mãe.

Isso soa familiar?

Na noite em que liguei para o meu marido pedindo cerveja e cigarro, eu estava em estado de desespero. Eu não bebo cerveja e fumei só umas poucas vezes na faculdade (desculpem-me, mãe e pai). Mas ao me sentar na varandinha da frente de casa em lágrimas naquela noite, com o celular na mão, o bebê no cercadinho, o mais velho no balanço (e o cachorro fedorento amarrado na cadeira!), algo estalou em mim. Depois de meses tentando ostentar um rosto de coragem e segurança para os meus amigos e a minha família, desmoronei e admiti que eu não conseguiria criar esses meninos sozinha de jeito nenhum.

Bem, talvez você seja mais forte que eu. Talvez você seja uma daquelas mães que são um arraso. Os seus filhos pulam de atenção a cada um dos seus comandos, são bem-educados com estranhos e assoviam enquanto fazem as suas tarefas. Talvez você não assuste os vizinhos com os seus gritos "AI, JESUS, ME AJUDA!" a plenos pulmões várias vezes por dia.

Mas eu sou assim. E aposto que, se você for honesta, a sua vida também não é só flores. (Se for, você é quem deveria estar escrevendo este livro!)

É claro que as coisas mudam conforme eles crescem. Faz seis anos desde aquele episódio na minha varanda, e eu não tenho mais ninguém me puxando para dar de mamar ou tentando sentar na cabeça do irmão (bem... talvez de vez em quando). Nós perdemos nosso precioso buldogue por causa de câncer e agora temos dois filhotes elétricos de labrador. Mas eu ainda tenho garotinhos competitivos, incrivelmente ativos e altamente distraídos. Às vezes me sinto tentada a pensar que estou só na minha caminhada, e esses dias ameaçam me sufocar. A minha completa incapacidade de transformar o coração de pedra deles em coração de carne faz as minhas fraquezas reluzirem até que sejam a única coisa que eu consigo ver.

Nós, mães, pensamos que estamos sozinhas, não é mesmo? Pensamos que os nossos problemas são piores que os de todo mundo. Pensamos que o coração pecaminoso dos nossos filhos é mais pecaminoso que o dos outros. Pensamos que os nossos pontos fracos têm de ser escondidos e não podemos nem imaginar em falar a verdade sobre o que está acontecendo no nosso coração. Talvez seja um pouco parecido com isto...

Por mais de uma semana, eu temi que esse dia chegasse. Com muito cuidado, dou uma espiada pela quina da parede, mal ousando colocar a cabeça para dentro da porta e ver que os meus piores medos se realizaram. Reconhecida, recebida pela mãe do aniversariante, eu não tenho tempo de sair de fininho e correr; então reúno toda a coragem que tenho, entro na sala e me encontro face a face com o pior pesadelo de uma mãe sem habilidade para artes manuais:

A festa de aniversário da mãe habilidosa (deixa para uma música ao estilo de Stephen King e o obrigatório tchan, tchan, tchaaaaannnnnnnnnnn).

A sala é literalmente um grande experimento científico. A minha amiga Danielle gastou semanas se preparando para a festa de aniversário do século para o seu filho, e dá para ver. Uma gosma verde me insulta. Explosões cuidadosamente fabricadas, que fazem os meninos gritar de delírio, zombam de mim. A mesa inteira dos quatro elementos colada em cima de outra mesa repleta de pratos de placas Petri (aquelas que são usadas com o microscópio) comestíveis me encara e me faz querer correr e me esconder.

Eu procuro uma rota de fuga, mas as saídas estão bloqueadas por inocentes transeuntes. Espere, há uma janela aberta. Se eu agarrar os meninos pelo colarinho da camisa e passá-los silenciosamente pela janela, nós poderemos nos arrastar pelo cano da calha até o playground *lá embaixo e ninguém saberá que fomos embora. Droga! Agora estão fazendo gelo líquido no outro lado da sala. Novo plano.*

Talvez eu consiga suborná-los para ir embora. É isso. Vou atraí-los com uma ida à sorveteria de que eles gostam para tomarem o seu sorvete preferido antes que sirvam o bolo. O que é isso? Cachorro-quente? Cara! Eles não comem cachorro-quente faz um mês por causa do nosso novo projeto de alimentação saudável. Agora eu não mais vou conseguir tirá-los daqui. Eles vão descobrir meu grande segredo a qualquer momento... A mamãe é a pessoa mais sem habilidades manuais do mundo, e festas de aniversário me deixam mais estressada do que qualquer outra coisa. Eu tinha esperança que eles nunca vissem o "outro lado". Que eles nunca soubessem que uma festa de aniversário poderia ser algo além de um tempo na piscina com todos os amigos.

Fui pega.

Eu me sentei numa cadeira dobrável, pensando em como a minha fachada de festa de aniversário estava ruindo pouco a pouco com esse acontecimento. Aqueles olhos grandes, castanhos, que fazem ser difícil ficar brava por muito tempo, me olham... e ele diz. Ai, misericórdia! Aquela coisa que me faz querer acabar com tudo, desistir de tentar contratar uma profissional... qualquer coisa para amenizar esse sentimento de total e absoluto fracasso.

Mãe, por que as nossas festas de aniversário não são que nem esta?

Suspiro.

Todo ano, durante as férias os sentimentos de "eu não sou boa o suficiente" começam a se instalar e me fazem querer desistir até de planejar uma festa legal para os meus meninos. Felizmente, pela grande e infinita misericórdia de Deus, ele permitiu que o aniversário dos meus meninos tivesse só três semanas de diferença. Eles nunca souberam o que é uma festa de aniversário individual, e eu planejo ficar nessa onda até que ela me lance na praia, rasgada e esfarrapada. O cerne da questão é que eu não tenho nem um fio de cabelo de habilidade para artes manuais, e isso nunca fica tão evidente como quando estou planejando uma festa de aniversário.

Eu odeio costurar.

Eu não tenho uma pistola de cola quente.

Eu não sei dizer onde está a fita adesiva.

Os nossos bastões de cola estão todos ressecados.

Os meus filhos subornam a filha do vizinho para ela deixar que eles usem a tesoura e a fita *silver tape* dela. Na verdade, eu até já cogitei a possibilidade de contratá-la para ter um tempo de artes manuais com os meus meninos uma vez por semana, depois que ela chega da escola.

A minha falta de habilidade artesanal fez o meu nível de estresse crescer a proporções épicas, e os meus sentimentos de culpa e absoluto fracasso cresceram junto com ela.

Recentemente, numa comemoração do Dia de Ação de Graças, resolvi sair da minha zona de conforto não artesanal e tentei preparar uma experiência educativa e interativa maravilhosa para os meus filhos. Como a nossa família adota o sistema de *homeschool* [sistema educacional a distância, muito usado nos Estados Unidos desde o ensino fundamental], estamos sempre procurando formas de fazer o nosso calendário ganhar vida, e me ocorreu que os meus meninos, com 6 e 4 anos na época, nunca tinham de fato aprendido a história do Dia de Ação de Graças. Eu decidi que estava na hora de mudar isso.

Gastei horas na biblioteca municipal escolhendo os livros certos para comunicar a mensagem de Ação de Graças que eu queria que eles lembrassem. Fiz uma varredura na internet procurando um livro em áudio sobre o índio chamado Squanto, porque o meu mais velho ama estudar sobre os americanos nativos. Recortei meticulosamente uma árvore de Ação de Graças de papel cartão marrom e decorei os galhos com folhas coloridas feitas com o contorno das mãos preciosas dos meus filhos, cada folha marcada com alguma coisa pela qual eles agradeceriam naquele dia.

Ela estava tomando forma e se tornando um sucesso maravilhoso. Aquela árvore de Ação de Graças era a coroação da minha realização artesanal, com o meu coração e a minha alma pendurados ali na parede. Aquela deveria ter sido a melhor comemoração do Dia de Ação de Graças de todas... mas não foi.

Na realidade, passei a maior parte do dia soluçando — e possivelmente um pouco histérica — porque não conseguia acreditar que os meus filhos ainda poderiam ser tão egoístas, ingratos e, sim, *ingratos*, depois de tudo que eu tinha feito para servi-los durante o mês todo. Eles foram desobedientes, feios, mal-educados e descaradamente maus o dia inteiro, e isso me fez sentir uma pequena vontade de atirar alguma coisa. Quero dizer, eles não viram como as minhas mãos estavam tremendo enquanto eu cortava aquele papelão em forma de árvore? Eles não viram o olhar de pura determinação e falta de habilidade manual conforme eu traçava o contorno das mãozinhas deles e as colava na parede a cada dia?

Eu devo ter falado alto. Gritado. Chorado. Ameaçado. E me sacudido de raiva por causa dos argumentos mesquinhos deles que estavam tornando a nossa "celebração" um completo... hum... fracasso. Eu me senti massacrada com a atitude deles e em determinado ponto literalmente me encolhi, longe de todos, no banco do passageiro do nosso carro tipo SUV em algo que lembrava uma posição fetal. As palavras que me vinham à mente?

Isso nunca vai mudar. Eu simplesmente não tenho o necessário para ser a mãe que eles precisam. Eu sou um fracasso em artes manuais; então devo ser um fracasso como mãe. Eu deveria simplesmente desistir de tentar.

FRAQUEZAS GLORIFICADAS

Para ser honesta, querida mãe, quantas vezes você já quis parar de tentar desde que trouxe aquele pacotinho azul ou rosa do hospital para casa? Talvez o que a faça querer desistir seja algo muito mais sério do que artes manuais. Eu tenho dificuldade com gritaria. Fico brava com muita frequência. Gosto que as coisas corram do meu jeito e, quando elas não correm, consigo fazer todo mundo na minha casa ficar infeliz. As suas áreas de fraqueza podem ser totalmente diferentes, mas aposto que, se eu lhe pedisse para fazer uma lista delas agora, você poderia falar sem parar uma por uma. Estou certa?

Quantas vezes por dia você se surpreende pensando no quanto é um fracasso, ou como o seu grande erro provavelmente levará para o divã algum dia aquela pessoinha que observa tudo que você faz? Quanto tempo do seu dia você gasta glorificando as suas fraquezas (remoendo, permitindo que comentários negativos internos sobre elas a abatam, pensando constantemente sobre elas etc.) e imaginando o que acontecerá se todos descobrirem a verdade sobre quem você é *realmente*?

Glorificar as fraquezas — não importa quanto sejam grandes ou pequenas — suga a esperança que dá à nossa alma a vida de que precisamos para simplesmente seguir em frente.

Mas existe um caminho diferente. Eu estou convencida de que o nosso ponto de maior fraqueza pode desencadear o poder da maior graça de Deus. Em vez de glorificar as nossas fraquezas, deixando que elas controlem a nossa vida e machuquem o nosso coração, podemos aprender a usá-las para glorificar a Deus, confessando as nossas fraquezas e confiando nele para torná-las algo bom.

Foi durante um telefonema com uma amiga que eu finalmente decidi que posso não ser a única com esse tipo de questões. Estávamos conversando sobre as coisas da igreja por alguns segundos, quando ela interrompeu a conversa para falar para a vozinha na casa dela parar o que estava fazendo. Quando aquela mesma vozinha ficou um pouco arrogante e gritou "EU NÃO VOU!" para a sua mãe ao telefone, uma luz se acendeu no meu coração, e eu soube que tinha encontrado uma alma gêmea... ou pelo menos outro ser humano que sabia o que eu estava passando.

Aquele foi um momento profundo para mim, me inspirando a sair de trás da cortina da minha vida para a luz. Um telefonema me fez ser capaz de me conectar com outras mães de meninos e contar a minha verdade horrível, porque de repente eu sabia que, se eu me sentia sozinha e desesperada como mãe — consumida pela forma com que as minhas fraquezas estavam afetando os meus meninos —, tinha de existir outras mães que se sentiam do mesmo jeito. Logo depois daquela simples conversa ao telefone, o Senhor colocou um sonho no meu coração para o que eventualmente se tornaria a Sociedade MOB (*Mothers of boys* [Mães de meninos]) — uma comunidade cristã *on-line*, ajudando mães a se deleitarem no caos de criar filhos homens. Um lugar onde as mães de menino possam se sentir seguras, extravasar e encontrar comunhão e ajuda sobre a criação desses meninos selvagens e malucos, belos e tempestivos, sufocantes, mas incríveis.

Eu escolhi uma parcela da verdade que só pode ser encontrada em comunidade.

Eu escolhi preencher os espaços em branco da vida de uma mãe exausta com verdade em vez de reclamação, fé em vez de inquietação, graça em vez de comparação e, sim, Coca-Cola e chocolate meio-amargo em vez de cerveja e cigarro.

Eu parei de dar ouvidos às vozes que apontavam para a minha vergonha e me abatiam e comecei a encher o meu coração com a voz da verdade.

Isso tudo soa simples quando você lê agora, mas na realidade pode levar um tempo para fazer que a voz de Deus, que é a verdade, seja a que você ouve nos seus momentos de maior fraqueza. Os versículos 9 e 10 de 2Coríntios 12, que se tornaram uma das verdades mais importantes e inspiradoras da minha vida, dizem assim:

> Mas ele me disse: A minha graça te é suficiente, pois o meu poder se aperfeiçoa na fraqueza. Por isso, de muito boa vontade

> me gloriarei nas minhas fraquezas, a fim de que o poder de Cristo repouse sobre mim. Por isso, eu me contento nas fraquezas, nas ofensas, nas dificuldades, nas perseguições, nas angústias por causa de Cristo. Pois, quando sou fraco, então é que sou forte.

> O nosso **ponto de maior fraqueza** pode desencadear o poder da maior graça de Deus.

Eu imagino que, se o próprio Jesus pudesse sussurrar esses versículos dentro do nosso coração, poderia soar mais ou menos assim:

Você está me ouvindo, filha querida? Eu estou lutando arduamente para ser ouvido acima das vozes de condenação da sua cabeça, mas quero que você ouça a verdade e a abrace. Tudo bem ser fraca. Tudo bem não saber o que fazer ou como fazer. Tudo bem não ter as respostas. Eu tenho.

O que é isso? Você está cedendo um pouco agora? Vou tentar novamente...tudo bem se sentir perdida. Tudo bem precisar de ajuda. Tudo bem que você não é perfeita. Eu sou!

Assim está melhor! Você é a menina dos meus olhos! Minha graciosa menina, você era tão valiosa para mim que eu dei a minha vida por você! Eu quero bradar de cima dos telhados e dizer que tudo está bem se você falhar! Tudo bem entender as coisas errado! TUDO BEM SER FRACA, porque na sua fraqueza EU SOU forte.

Se você me permitir, eu tornarei o seu ponto de maior fraqueza o meu ponto de maior graça. Eu serei a força que você precisa para prosseguir, quem a atende na sua confusão, quem a leva para a próxima coisa certa e cobre o seu pecado com meu manto de justiça. Confie em mim. Convide-me para entrar. Silencie aquelas outras vozes, porque eu a amei com amor eterno. Nada jamais poderá arrancá-la da força do meu amor. Dê-me ouvidos.

Qualquer ponto forte ou fraco que nós possuímos faz parte do plano de Deus para a nossa bela vida caótica. Ele usa cada detalhe do nosso caos para a maior glória dele e pode redimir até os nossos erros mais profundos, obscuros e desafiadores até que eles sejam mais belos do que jamais poderíamos ter imaginado.

A minha amiga Jess veio a Cristo perto de seus 40 anos. Antes disso, ela levava uma vida meio que dupla — vivendo uma vida de alto padrão moral durante o dia e lutando com promiscuidade, pornografia e outras escolhas nocivas, à noite. Às vezes paralisada pela depressão e pela ansiedade, ela estava desmoronando de dentro para fora.

Desesperada para obter alívio, Jess se viu no escritório de uma conselheira cristã. Ela conta a história dela assim: "Duas coisas me moveram a seguir em frente durante aquele tempo. Em primeiro lugar, a ameaça de ser hospitalizada. Eu morria de medo disso. Em segundo, a minha conselheira compartilhou Filipenses 4.13 comigo, que diz: *Posso todas as coisas naquele que me fortalece.* Ela também orava por mim durante cada uma das nossas sessões. Ninguém nunca tinha feito isso. Eu não sabia orar além das rezas e dos rosários. E, para ser honesta, eu tinha desistido de orar, exceto nos momentos de grande necessidade quando eu simplesmente prometia a Deus que mudaria o meu estilo de vida, meu comportamento, qualquer coisa, se ele simplesmente tirasse a dor. A medicação, o aconselhamento e o apego desesperado à única passagem bíblica que eu sabia de cor capacitaram-me lentamente a começar a progredir. Então Deus me trouxe o meu marido, Ed. Fiquei grávida bem rapidamente e gastava muito tempo em oração. O medo de que o meu antigo estilo de vida de alguma forma voltasse ou afetasse o nosso filho me matava de medo. Eu estava cheia de culpa profunda e uma vergonha horrível. Depois de muitos anos realmente reprimindo muitos incidentes, eles voltaram à tona. Naquele tempo eu pensava que era devido a todos os hormônios. Agora vejo que Deus queria que eu lidasse com eles. Uma manhã, eu estava indo de carro para o trabalho e, como de hábito, conversando com a minha filha na barriga. Eu também gostava de cantar para ela; então liguei o rádio. Eu estava passando por várias estações de rádio desconhecidas do estado de Montana, quando ouvi a voz de Michael W. Smith. Reconheci a voz dos meus dias de faculdade, mas era uma música nova. Eu nunca tinha ouvido.

"Mas o coro de repente estrondou no volume não muito alto do meu rádio. Eu ouvi em alto e claro som. Eu entendi. Eu recebi. E, pela primeira vez na minha vida inteira, acreditei. Naquele momento, a minha vida mudou. E nunca mais foi a mesma. Eu finalmente soube que era perdoada. JESUS CRISTO tinha morrido por mim. POR MIM! Agora, sou capaz de compartilhar o meu testemunho da graça maravilhosa com aqueles que Deus coloca na minha vida. Eu sei que, se Deus pode remir o pior de mim, ele pode fazer isso pelos outros também. Eu nunca poderia ter feito sozinha essas mudanças na minha vida. Então veja, é tudo ele. Fico entusiasmada de contar para os outros o que eu não sou para que eles possam ver claramente o que ele é."

A coisa que eu mais amo na história da Jess é aquela última frase: "Fico entusiasmada de contar para os outros o que eu não sou para que eles possam ver claramente o que ele é". É isso o que 2Coríntios 12.9-10 chama de "gloriar-se na fraqueza" e é a melhor maneira de ver Deus ser forte na sua vida.

Então se glorie, mamãe. Glorie-se no fato de que você não é boa o bastante, não é forte o bastante, não é inteligente o bastante, *não é suficiente* para ser uma boa mãe, e observe o que Deus faz. É isso mesmo, se glorie. Conte para o mundo que você não é um arraso, que nem sempre sabe a coisa certa a fazer e não tem todas as respostas. Admita que às vezes os seus filhos brigam de socos ou arrancam o brinquedo novo um do outro. Confesse a gritaria e se livre da camisa de força que está usando, amarrada pela necessidade de ser perfeita.

Recuse essas vozes que clamam "Fracasso! Estrago de mãe!" e, em vez disso, leve-as direto para Jesus. Ainda que elas sejam verdade — especialmente se forem verdade — leve-as diretamente para quem a ama e convide-o para entrar, confiando que ele aperfeiçoará a força dele na sua fraqueza.

Glorie-se na sua fraqueza e então seja forte de verdade.

CAPÍTULO **dois**

Quando você se prende ao que VOCÊ NÃO É

Brooke

No capítulo anterior, falamos sobre como as nossas fraquezas podem ser o ponto da maior graça de Deus — essa interseção entre nossa falha e a força de Deus —, em que ele toma o nosso caos e o torna numa coisa linda. Mas, quando tudo o que você consegue ver é a sua fraqueza, é importante lembrar que você também foi criada com certos pontos fortes dados por Deus.

Você tinha se esquecido deles, mamãe? Eu sei que eu tinha. Por vários anos, enquanto me entrincheirava cada vez mais fundo no mundo de ser mãe, esqueci que Deus me havia criado para ser boa em certas coisas e que ele queria que eu as usasse para a glória dele. Se eu for honesta, algumas vezes eu ficava imaginando se ainda deveria investir nos meus dons enquanto os meus filhos eram pequenos ou se deveria simplesmente deixar de lado por completo as coisas que me iluminavam por dentro, esperando para usá-las em outro momento.

No entanto, era mais frequente eu ter dificuldade para me enxergar de forma clara. Era como me olhar num espelho coberto de recortes de jornal de todos os meus fracassos com letras garrafais e apertar os olhos para ver por trás deles, procurando um reflexo preciso da mulher que Deus me criou para ser.

É simplesmente muito mais fácil ver as coisas em que nós não somos boas. Já compartilhei quanto não sou boa em artes manuais. Talvez você seja uma cozinheira horrível. Talvez você tenha dificuldade para ter conversas relevantes com os seus filhos. Talvez você não seja nem um pouco organizada, ou você costuma se surpreender esquecendo coisas importantes que as outras mães parecem lembrar com facilidade. Seja qual for o seu caso, aposto que em algum ponto você também já forçou a vista para se ver no espelho, tentando compreender quem realmente era essa mulher olhando para você através das imagens em preto e branco das suas falhas.

NÃO É O SUFICIENTE OU É DEMAIS

Ao observar mulheres ao longo dos anos e analisar as características do comportamento humano nos meus estudos de aconselhamento, vi alguns padrões se manifestarem baseados nas qualidades da nossa personalidade dada por Deus. Por exemplo, sou introvertida, de modo que estar com outras pessoas não me revigora. Isso não significa que eu não amo pessoas ou que não consigo ficar perto delas. (Afinal de contas, sou uma palestrante.) Isso simplesmente quer dizer que, quando preciso refazer as minhas energias, é melhor eu ficar sozinha.

Durante um período difícil na minha vida, Stacey me perguntou o que faço para afastar o estresse e continuar seguindo em frente. Sem pensar duas vezes, respondi: "Tenho de ficar sozinha, mergulhar na palavra e orar até Deus vir ao meu encontro e dar a força de que eu preciso para me recompor e agir de novo". Ficar sozinha refaz as minhas energias.

Eu costumava pensar que uma das regalias de ter um marido que trabalha em turnos — pelo menos para mim — é que eu teria muito tempo sozinha. Quando ele está trabalhando à noite, posso colocar os meninos na cama e ainda ter duas ou três horas para mim. Nessas noites, vou revigorada para a cama e pronta para o dia seguinte. Mas quando não tenho tempo suficiente sozinha, ou quando sou forçada a fazer as coisas fora da minha zona de conforto introvertida por muito tempo, posso ficar confusa ou começar a perder a atenção.

Em adição ao fato de ser introvertida, também sou uma pessoa relacional. Isso pode parecer uma loucura com base no que acabei de descrever, mas acho que a maior parte das pessoas é ou *relacional* ou *executora*. As que gostam de se relacionar tendem a ser melhores comunicadoras do que trabalhadoras. (Não que a comunicação não seja um trabalho; porque é. E não que trabalhar não exija habilidades de comunicação; porque exige. Eu explicarei melhor tudo isso daqui a pouco!) Por exemplo, sou muito melhor em aparecer com objetivos do que em realizá-los. Sou excelente em me comunicar com as pessoas no nível do coração, mas tenho dificuldade para ser a mãe divertida que encabeça a escala de lanches da EBF. Sou uma visionária para a sociedade MOB, sempre sonhando com novas maneiras para alcançar o coração das mães de meninos, mas preciso de pessoas que andem ao meu lado para fazer o trabalho a fim de que os meus sonhos não acabem em nada.

Tenho a tendência de me sentir mais segura em pequenos grupos, porque sou uma pessoa introvertida que gosta de se relacionar. Nunca fui uma daquelas meninas que se davam bem em grupos grandes de amigos. Assim como a Anne de Green Gables [personagem do livro com o mesmo nome], prefiro muito mais um ou dois "amigos do peito". Amizades individuais, ou talvez com no máximo dois ou três, me dão a segurança que preciso para abrir o meu coração. Eu consigo falar para um grupo de quinhentas mulheres e ficar bem porque o grupo coletivo é como se fosse uma só mulher. Mas quando tenho de descer do palco e me sociabilizar, abrir o meu coração e interagir com muitas pessoas de uma só vez, é muito mais difícil. Aprendi ao longo dos anos que posso me forçar a fazê-lo mesmo assim, por uma questão de construir relacionamentos e ministrar às mulheres para quem eu estou falando, mas isso requer toda a energia criativa que eu tenho. Depois que acabar, você pode apostar que vou me fechar, me debruçar sobre um livro ou colocar os meus fones de ouvido para ter um bom tempo rejuvenescedor só para mim. Se eu não fizer isso, não funciono.

Isso também afeta o meu tempo com os meus filhos. Eles são barulhentos (como eu já mencionei, digamos assim, algumas poucas vezes) e querem ficar comigo o tempo todo. Bem, na verdade, não só comigo... eles querem ficar *em cima* de mim. Cara a cara, cuspindo nos meus óculos, cutucando as minhas costelas com os joelhos e bagunçando o meu cabelo com as mãos. Eu sei que vai chegar o dia em que terei saudade disso, mas neste exato momento isso me torna uma mãe exausta e me deixa sem muita energia sobrando para as outras coisas.

Honestamente, eu gostaria muito de ser aquela mãe que está pronta para lutar, brincar e ser boa em artes manuais com os filhos o dia inteiro. Eu gostaria de ser naturalmente aquela mãe que ama ter um monte de meninos em casa fazendo as suas molecagens enquanto ela os alimenta com fartura de comida. Mas eu não sou.

Por amor aos meus filhos, faço essas coisas de tempos em tempos. Fiquei conhecida por brincar de luta até quebrar alguma coisa e tento receber os amigos dos meus filhos em casa com frequência o bastante para conhecê-los bem. Conforme eles ficam mais velhos, eu e o meu marido nos comprometemos a tornar nossa casa um lugar seguro para os nossos meninos e os amigos deles — o que significa que uma parte do meu precioso tempo de sossego vai voar pela janela —, mas cheguei à conclusão de que para mim isso nunca será uma coisa confortável de fazer. Eu sempre vou me superar em número menor, e sempre vou precisar de muito tempo para me recuperar quando não conseguir alcançá-lo.

Como mães, é fácil olharmos para as nossas falhas e ficarmos deprimidas com as coisas que não oferecemos com naturalidade para os nossos filhos. Diversas vezes eu olhava desejosa para as minhas amigas mães divertidas e invejava a forma com que elas cativavam o coração das crianças. Talvez seja por isso que eu tenha tentado manter as festas de aniversário das mães habilidosas longe dos meus filhos por tanto tempo. Olho para a mãe divertida e vejo a minha falha. Mais do que isso, olho para a mãe divertida e acho que os meus filhos vão amar mais a ela do que a mim. De que importa se eu posso atingir o coração deles nas horas difíceis se outra mãe já cativou o coração deles com a sua personalidade divertida e efervescente?

Desejar ser uma coisa que nós não somos é o suficiente para deixar qualquer mãe louca de inveja e frustração! Mas eu descobri que a melhor cura para uma mãe que se prende ao que ela não é consiste em focar-se no que ela tem.

> Quando você se sentir presa ao que você não é,
> coloque o seu foco no que você tem.

PONTOS FORTES DADOS POR DEUS

Ao olhar para a vida das mães à minha volta, costumo ver padrões como os que descrevi anteriormente se manifestarem na sua vida diária. As coisas que estão fora do nosso normal, os pontos fortes dados por Deus — como a minha preferência por grupos pequenos a grandes e barulhentos — de alguma forma nos fazem sentir que somos um fracasso na vida... em sermos mães.

A verdade é que eu simplesmente não sou o meu melhor em situações barulhentas, malucas, de grandes grupos, e não tenho nem um fio de cabelo para as artes manuais. Quando deparo com outras mães que estão realmente se saindo bem nessas áreas, às vezes acabo sentindo que preciso mudar quem eu sou — quem Deus me fez para ser — só para me manter no nível delas. Se eu me permito remoer isso por muito tempo, acabo sentindo que nunca vou me equiparar nessa área em particular, ou em qualquer outra área.

Não é incrível como uma área de fraqueza pode nos fazer sentir que estamos fracassando em tudo? Eu acho que o diabo se aproveita das nossas emoções de "Eu sou um fracasso como mãe". Mas e se não tivesse problema nenhum em *não* se equiparar em todas as áreas? E se todas nós começássemos a medir o nosso sucesso como mães baseadas nas nossas áreas fortes inatas em vez de nas fraquezas e confiássemos em Deus o suficiente para preencher as lacunas?

Todas nós temos talentos e dons concedidos por Deus — coisas em que somos boas só porque Deus nos fez assim. A minha amiga Jamie é uma serva incrível. De alguma forma, ela sabe do que a nossa família precisa antes mesmo que alguém conte o que está acontecendo! Ela pode estremecer um pouco quando é forçada a sair da sua rotina, mas ninguém supera a sua inclinação natural para o encorajamento. A minha amiga Erin é ótima em se conectar com as pessoas, e a personalidade efervescente dela anima todo mundo. Às vezes ela se preocupa que as pessoas pensem que ela é avoada, mas o seu coração gracioso e bom a faz muito fácil de amar. E a minha amiga Logan é uma moça que sabe como fazer as coisas! Terrivelmente eficiente, com uma personalidade mais do que interessante, ela fica natural no palco. Ela pode ter de aprender a arte de dizer "não" para as pessoas, mas é mestra em delegar coisas para que tudo seja feito!

Você consegue entender o que eu quero dizer?

COLOQUE O FOCO NO QUE VOCÊ TEM

Por causa do meu contexto de aconselhamento, tenho a tendência de ver as pessoas se encaixando com precisão nas categorias de Relacionais e Executoras, Extrovertidas e Introvertidas. Quando combinamos essas categorias, temos um pequeno quadro meio parecido com este:

As seções que se cruzam nesse quadro nos permitem entender de forma mais profunda os nossos pontos fortes e as nossas fraquezas, e nos dão quatro categorias claras em que a *maior parte* das mulheres se encaixa: Executoras Introvertidas, Relacionais Introvertidas, Executoras Extrovertidas e Relacionais Extrovertidas. (Note, por favor, que essas categorias não têm a intensão de serem exclusivas. Você pode ver um pedacinho de você em cada uma delas, mas deve ter uma que é *mais* você).

Introvertidas x Extrovertidas

Para nos ajudar a começar, permita-me estabelecer algumas definições desses termos. De acordo com Susan Cain, autora de *O poder dos quietos: como os tímidos e os introvertidos podem mudar um mundo que não para de falar*, os introvertidos e os extrovertidos diferem no nível de estímulo externo que exigem para funcionar bem.

> Introvertidos sentem-se "bem" com menos estímulo, como quando tomam uma taça de vinho com um amigo próximo, fazem palavras cruzadas ou leem um livro. Extrovertidos gostam da vibração extra de atividades como conhecer pessoas novas, esquiar em montanhas perigosas ou colocar música alta [...]. Extrovertidos são pessoas que darão vida ao seu jantar entre amigos e rirão generosamente de suas piadas. Eles tendem a ser assertivos, dominantes e necessitam muito de companhia. Extrovertidos pensam em voz alta e rapidamente; preferem falar a escutar, raramente se encontram sem palavras e ocasionalmente vomitam palavras que nunca quiseram dizer [...]. Os introvertidos, por outro lado, podem ter várias habilidades sociais e gostar de festas e reuniões de negócios, mas depois de um tempo desejam estar em casa de pijamas. Eles preferem devotar suas energias sociais aos amigos íntimos, colegas e família. Ouvem mais do que falam e muitas

vezes sentem que se exprimem melhor escrevendo do que falando.[1]

Alguns estudos sugerem que a diferença entre os introvertidos e os extrovertidos tem menos a ver com a forma em que eles atuam em situações sociais (ainda que seja claro que isso possa fazer parte da equação) e mais a ver com como eles se recarregam posteriormente. Eu já descrevi como isso é importante na minha experiência pessoal do que significa ser uma pessoa introvertida; então, para os nossos propósitos, usaremos as seguintes definições:

- **Introvertida:** A pessoa que se sente mais segura e confortável atuando individualmente ou em grupos bem pequenos e deve se recarregar sozinha depois de longos períodos de contato próximo com grupos grandes.
- **Fraqueza específica:** Requer longos períodos de tempo sozinha para funcionar bem.
- **Ponto forte específico:** Capacidade para desenvolver relacionamentos muito fortes com algumas poucas pessoas selecionadas, desse modo atingindo mais fundo a vida das pessoas que conhece bem.
- **Extrovertida:** A pessoa que se sente estimulada por grupos grandes, experiências novas e empolgantes e que normalmente é descrita como "a vida da festa".
- **Fraqueza específica:** Apesar de ter muitos conhecidos, a extrovertida pode se sentir solitária pela tendência de ter relacionamentos superficiais em vez de profundos.
- **Ponto forte específico:** Capacidade para ter influência sobre um grande número de pessoas, alcançando desse

[1] CAIN, Susan. O *poder dos quietos: como os tímidos e introvertidos podem mudar um mundo que não para de falar.* Rio de Janeiro: Nova Fronteira Participações S.A., 2012, p. 19.

modo um público mais amplo, afetando a vida de muitos em vez de apenas alguns.

Executoras x Relacionais

Mencionei antes que me considero uma pessoa relacional — alguém que é bom em chegar ao âmago da questão com os outros. As pessoas relacionais tendem a ser boas em levar as outras a conversas mais profundas. Eu não sou muito de conversa fiada, apesar de ter aprendido isso ao longo dos anos, e parece simplesmente que fui programada para tirar as pessoas da concha e levar as conversas para o nível do coração. As pessoas relacionais servem aos outros ajudando-os a se entenderem melhor.

A minha sogra, por outro lado, é uma executora comprometida. Se as pessoas podem contar comigo para falar as coisas certas, podem contar com ela para fazer as coisas certas. No início de 2014, o meu marido teve de submeter-se a uma cirurgia do ligamento cruzado anterior. Uma manhã logo após a cirurgia, a minha sogra telefonou para conferir a melhora dele. Ele falou na lata que gostaria de ter investido numa cadeira reclinável para poder sair um pouco do sofá. As primeiras 72 horas pós-operatórias foram um pouco cansativas para todos nós, e lá pelo terceiro dia as costas dele começaram a doer por não poder se mexer.

Era um sábado; então nós fizemos as nossas coisas normais de sábado — limpar a casa, lavar a roupa e só ficar junto. O meu marido não podia mesmo ir para lugar nenhum (nem sequer sair do sofá sem ajuda), de modo que gastei mais tempo que o normal para limpar as nossas portas de vidro, tirar o pó e me ajoelhar para passar o aspirador para retirar os pelos de cachorro das rachaduras e fendas da nossa casa. Acabou que foi uma ideia brilhante eu ter feito isso — a gente sempre quer a casa livre de pelos de cachorro quando a sogra aparece com uma cadeira reclinável novinha! Sim, a mulher maravilhosa que criou o meu marido ouviu a necessidade na voz do seu filho e simplesmente fez acontecer. Nós nunca teríamos saído para comprar uma cadeira reclinável nova, e isso acabou fazendo uma diferença enorme na recuperação do meu marido.

Essa história (que nos abençoou demais... de verdade) resume o que é realmente uma executora — alguém que serve os outros trabalhando para o benefício deles, normalmente por trás das câmeras.

Então por que isso tudo é importante? Porque o lugar onde nos encaixamos no quadro anterior — como relacional extrovertida, executora extrovertida, relacional introvertida ou executora introvertida — contribui muito para definir os nossos sentimentos de sucesso ou fracasso como mãe e, talvez ainda mais importante, como pessoa. Existem coisas-chaves que as mulheres nessas categorias tendem a pensar e dizer sobre os seus pontos fortes e fracos e, embora essas categorias não sejam exclusivas (em outras palavras, você pode ver partes de si mesma em outras categorias além da sua principal), elas tendem a descrever a maioria das pessoas. Infelizmente, nós temos a tendência de enfatizar as nossas fraquezas e de nos esquecermos de ver o modo com que Deus nos fez belas e como um presente para as pessoas ao nosso redor. Vamos explorar um pouco sobre isso agora.

A mulher relacional introvertida

As pessoas relacionais introvertidas normalmente podem ser encontradas liderando pequenos grupos de estudo bíblico, escrevendo em *blogs*, servindo no grupo de ministério para mulheres da igreja ou numa cafeteria com uma ou duas amigas chegadas. Você pode até encontrá-las no palco como palestrante ou na equipe de louvor. Apesar de estarem num grupo grande, elas ainda se sentem seguras porque existe uma distância entre elas e todas as pessoas. Elas se sentem mais confortáveis em pequenos grupos, porque são introvertidas, mas também têm um desejo intenso de se relacionar com os outros e costumam sentir que o que passaram como pessoa se encaixa bem para ajudar outros que estão passando pelas mesmas circunstâncias. Normalmente você as ouvirá dizendo: "Eu já passei exatamente pela mesma circunstância. Deixe-me contar como Deus veio ao meu encontro".

Embora elas tenham a tendência de desenvolver relacionamentos em longo prazo, comprometidos e profundos com os outros, também podem ser tentadas, às vezes, a ver isso como fraqueza, pensando em coisas como: "Eu não sou suficiente. Eu não estou fazendo uma diferença grande o suficiente na vida das pessoas, porque muita gente me sufoca. E eu não sou divertida. O fato de ser excelente com uma pessoa de cada vez e preferir o silêncio ao barulho limita o que posso fazer para o reino de Deus".

Como mãe, a mulher relacional introvertida se dá bem ajudando os seus filhos a entenderem o próprio coração deles. A comunicação é o seu maior bem, mas ela costuma sentir que não é boa o bastante para se divertir ou inventar formas criativas de rir e ser espontânea com os filhos.

A mulher executora introvertida

Já lhe apresentei a minha amiga Jamie alguns parágrafos atrás. Jamie é o exemplo perfeito de uma pessoa executora introvertida. Ela se descreve deste jeito: "Eu dou muito valor aos relacionamentos que tenho na minha vida e desejo estender a minha mão a pessoas. Para mim, o jeito mais fácil de fazer isso é encorajando e ajudando. Para mim, é mais fácil fazer um jantar para elas, cuidar dos seus filhos ou surpreendê-las com chocolate do que abrir o meu coração".

Exatamente como a Jamie descreveu, as pessoas executoras introvertidas normalmente podem ser encontradas servindo por trás das câmeras. Elas estão no ministério da cantina na igreja e sempre parecem saber quando alguma família pode estar precisando de um pequeno impulso. Elas vão aparecer aleatoriamente para limpar a sua casa depois que nasceu o seu bebê ou para levar os seus filhos para passear por muitas horas para você ter um pouco de descanso depois que o seu marido fez uma cirurgia de ligamento cruzado anterior (sim, Jamie fez isso por nós). De novo, como são introvertidas, essas pessoas vão se sentir mais confortáveis em grupos pequenos, mas, diferentemente das pessoas relacionais introvertidas, as executoras introvertidas vão preferir servir em vez de conversar sobre as coisas profundas da vida. Na verdade, as coisas geralmente têm de estar muito feias para elas se abrirem sobre as lutas reais do coração delas, até com aquelas pessoas que são as mais chegadas em toda a sua vida. Ficam muito mais felizes quando a rotina delas permanece intacta e normalmente você vai ouvi-las dizer: "O que posso fazer para melhorar as coisas para você? Eu já estava indo para aqueles lados mesmo... E se eu trouxer a comida só para facilitar as coisas?"

Mesmo que pareça que elas sempre estão presentes quando você mais precisa delas, elas não veem isso necessariamente como um ponto forte, pensando coisas como: "Ninguém nunca me vê, porque eu sempre sirvo por trás das câmeras. Eu não estou fazendo uma diferença tão grande assim na vida das pessoas, porque luto para 'ser eu mesma' com quem está à minha volta. O fato de ser excelente no serviço limita o que eu posso fazer para o reino de Deus".

No papel de mãe, a mulher executora introvertida é excelente para cumprir os horários e fazer as coisas. Ela é organizada, limpa e é sempre pontual, mas normalmente tem dificuldade para saber o que dizer para atingir realmente o coração dos seus filhos e adoraria conseguir se divertir com eles com mais frequência, em vez de realizar tudo o que está na sua lista de afazeres.

A mulher relacional extrovertida

A minha amiga Erin, que por acaso também é cofundadora da Sociedade MOB, é uma pessoa relacional extrovertida clássica. Ela se descreve deste jeito: "Eu tenho um desejo muito grande no meu coração de me conectar com as outras pessoas, de fazer que elas se sintam amadas e ouvidas por meio de conversa. Saio dos encontros para tomar um café com amigos ou até de telefonemas com eles cheios até a borda, mesmo se o tempo todo só fiquei ouvindo enquanto derramavam o coração! Apesar disso, esse amor por me conectar costuma me fazer sentir que estou tentando realizar muitas coisas ao mesmo tempo e não consigo dar a atenção necessária a nenhuma delas em todas as áreas da minha vida".

Da mesma forma que a pessoa relacional introvertida, a pessoa relacional extrovertida se dá bem no relacionamento com as outras pessoas. Mas, ao contrário das pessoas relacionais introvertidas, o seu lema é "quanto mais, melhor". Provavelmente mais bem definidas como "a vida da festa", essas pessoas se destacam numa multidão. Elas têm muitos amigos e simplesmente parece que conhecem um monte de pessoas. Elas trabalham bem nas redes sociais e parece sempre saber para quem ligar quando precisam de ajuda numa emergência. Você encontrará essas pessoas servindo em meios que conectam outras pessoas, assumindo vários papéis de liderança na igreja e demonstrando afeto a tantas pessoas quanto possível. Você normalmente as ouvirá dizendo: "Que bom te ver! Você está tão bonita hoje! Você já conhece a minha amiga fulana? Vocês duas deviam mesmo se conhecer. Com licença, aquela é a minha outra amiga, preciso correr!"

Apesar de sua personalidade generosa, engraçada e calorosa fazer que elas sejam as preferidas de todo mundo, as pessoas relacionais extrovertidas nem sempre veem isso como um ponto forte, pensando coisas deste tipo: "Eu sou expansiva demais, barulhenta demais, e não tenho um espírito calmo e manso. Os outros me veem como entusiasmada demais e não me levam a sério. O fato de conhecer muita gente me faz sentir puxada para todos os lados ao mesmo tempo e limita o que eu posso fazer pelo reino de Deus".

A mãe relacional extrovertida é aquela que todas as outras crianças gostariam de ter. A casa dela é divertida, e eles não têm medo de fazer barulho. Ela é ótima em se divertir e fazer seus filhos rirem, mas às vezes tem dificuldades em querer que os seus filhos gostem realmente dela e não só queiram as coisas que ela faz. Às vezes ela se sente derrotada quando as crianças não levam a sério os seus esforços para se conectar com elas.

A mulher executora extrovertida

A minha amiga Logan é a apresentadora da Allume, a maior conferência de *blogs* cristãos dos Estados Unidos. Ela é uma executora extrovertida clássica. Ela fala assim acerca de si mesma: "Eu amo conversar com as pessoas, mas estou o tempo todo vendo as coisas que precisam ser feitas. Alguém tem de fazer as coisas; então eu faço. Mas às vezes a minha necessidade de fazer as coisas dificulta o meu relacionamento com as pessoas à minha volta no nível que eu gostaria. Numa recente conferência da Allume, eu honestamente precisava mesmo ir ao banheiro. Não queria *de jeito nenhum* que ninguém sentisse que eu não queria conversar, de modo que fingi que estava falando ao celular só para conseguir chegar ao banheiro. É grave a esse ponto... eu amo demais as pessoas, mas não posso deixar tudo, porque há muitas coisas que precisam ser feitas".

Como pessoa relacional extrovertida, ela tem aquela personalidade clássica "do tamanho do mundo", mas, ao contrário da pessoa relacional extrovertida, ela ainda pode se sentir sufocada com grandes grupos de pessoas que querem tirar do seu estoque de emoções. Normalmente, você pode contar com ela para dizer "sim" quando você tem uma necessidade, porque ela sabe como fazer as coisas (ou sabe a quem pedir caso ela não possa). Ela deve ser quem encabeça, organiza e planeja o evento anual das mulheres, e você a encontrará com uma agenda completamente sobrecarregada — com isso, aquilo e aquilo outro — até que ela fique completamente exausta, mas adorando cada segundo. Você normalmente a ouvirá dizendo: "Eu adoraria chefiar esse comitê. Sim, eu posso organizar a venda da lanchonete. Claro! Eu adoraria ficar encarregada de planejar a noite de oração e louvor!"

Ela parece ser uma pessoa muito capaz, e provavelmente é, mas a executora extrovertida nem sempre vê as suas habilidades como um ponto forte, pensando em coisas como: "Eu tenho muita dificuldade de chegar ao nível do coração com as pessoas, e isso limita o que posso fazer pelo reino de Deus".

Como mãe, a executora extrovertida é a mãe ultradivertida. Ela faz trabalhos manuais, inspira, organiza, cria lembranças — tudo na correria. Mas às vezes ela se sente derrotada, porque não sabe como atingir o coração dos seus filhos quando parece que isso é o mais importante.

FIQUE PLENA

Você está vendo aonde eu quero chegar, amiga? Cada uma das mulheres que descrevi antes tem dons óbvios. Deus criou cada uma delas para contribuir com alguma coisa de um jeito singular para a obra dele aqui na terra, tanto como mães quanto como mulheres. Mas nós estamos tão ocupadas remoendo o que não somos que nos esquecemos do que temos.

Hoje, quero incentivá-la a viver com liberdade em quem Deus fez você para ser. Deixe-me compartilhar uma pequena história para explicar o que quero dizer.

Como você deve imaginar, o *Valentine's day* [Dia do amigo comemorado nos Estados Unidos] é o feriado que eu menos aprecio. Não porque eu não amo fazer as pessoas da minha vida se sentirem especiais, mas porque o que costumava ser um feriado comum, na qual as crianças trocavam cartões baratinhos com os amigos, foi "*pinterestificado*". Com isso, eu quero dizer que as mães estão agora se dirigindo ao *Pinterest* para buscar meios e instruções para fazer cartões dignos de revista. Foram-se os dias quando as crianças podiam simplesmente trocar uma cartinha dizendo aos amigos que eles eram especiais. Agora elas precisam dar de presente lápis especiais ou recortar ursos com corações ou fazer biscoitos caseiros. Às vezes isso até requer uma pistola de cola quente — susto! Respiração ofegante! Você entende.

Participar da raça *Pinterest* simplesmente não faz parte de mim. Eu não estou dizendo que é de todo mal. Com certeza, se o seu dom é de artesanato, você deve usá-lo para abençoar a sua família e as outras pessoas especiais da sua vida. Mas todo ano eu saio do *Valentine's day* sentindo como se eu tivesse decepcionado os meus filhos porque nós ainda compramos as boas e velhas caixas de cartão. E é só isso.

Eu acho que, às vezes, somos tentadas a olhar o *Pinterest* e pensar que as imagens do artesanato, dos devocionais e os "seis passos para apimentar o seu casamento quando os seus filhos dormem com você" diante de todas nós, vieram de uma mãe só. Isso não é verdade. Existem literalmente milhões de mães criando coisas para o *Pinterest*, que fazem dele a potência que é.

Amiga, a mesma coisa é verdade na sua vida... e na minha.

Este ano, eu estava na nossa festa de amigo secreto em casa e observava os meus filhos trocando presentes, quando me dei conta. Os meus filhos podem não ter uma mãe com habilidade de ensinar para eles com toda a paciência como fazer um presente espetacular para o *Valentine's day*. Eles podem não ter uma mãe que organiza uma festa incrível com o tema de Ciências para eles. E eles podem não ter uma mãe com algum dia vai amar barulho e grandes aglomerações. Mas eles *têm* uma mãe que pode lhes explicar a vida em termos bíblicos. Eles *têm* uma mãe que pode lhes ensinar o valor da comunicação honesta e boa. E eles *têm* uma mãe que pode lhes ensinar como ter relacionamentos bíblicos sólidos.

Sabe o que é o melhor? No nosso grupo pequeno de amigas, as pessoas com quem temos comunhão diariamente, há uma mãe boa em artes manuais, uma mãe serva, uma mãe musical e uma mãe professora. Todas as áreas que definem melhor as minhas fraquezas estão representadas nesse grupo. Isso faz de nós uma potência.

Eu poderia olhar para essas mulheres, cada uma prendada em alguma coisa totalmente diferente de mim, e desejar que eu fosse mais parecida com elas. Eu poderia gastar os meus dias desejando que eu pudesse fazer um ótimo trabalho em cativar o coração dos meus filhos e ser a mãe divertida. Ou eu poderia gastar os meus dias sendo grata porque Deus me cercou de amigas que trazem diversidade para a minha vida. Elas preenchem as minhas lacunas, e isso é um presente maravilhoso de Deus. Por quê? Porque nós não fomos feitas para viver sozinhas. Deus nos criou para a comunidade — nos criou para precisarmos umas das outras para viver bem. Ele criou você desse jeito também.

Nós não fomos criadas para ser boas em tudo, mas somos ótimas em algumas coisas. Então vamos fazer um voto de deixar Deus nos usar efetivamente nessas áreas e preencher as lacunas com a sua graça e boas amigas.

Não complique a sua vida desejando ser outra pessoa. Seja boa em quem você é — quem Deus criou você para ser. Saiba quem Deus diz que você é e confie nele para preencher as lacunas.

Deixe para lá o que você não é e se apegue ao que você tem.

Na passagem de 1Coríntios 12.14,17-18 encontramos estas palavras:

Porque também o corpo não é constituído de um só membro, mas de muitos. [...] Se o corpo todo fosse olho, onde estaria o ouvido? Se o corpo todo fosse ouvido, onde estaria o olfato? Mas, na realidade, Deus colocou os membros no corpo, cada um conforme quis.

Só por diversão, imagine os versículos acima, lidos assim:

Porque também as mamães não são constituídas de um só tipo, mas de muitos tipos maravilhosamente diferentes. Se toda mamãe fosse boa em artes manuais, quem organizaria tudo? Se toda mamãe fosse a vida da festa, quem levaria comida para os doentes? Mas, na realidade, Deus colocou as mamães, cada uma delas, conforme quis. Elas são belas e refletem a graça dele quando sabem disso e saem juntas pela vida.

CAPÍTULO **três**

CONFRONTANDO Carol

Stacey

Os pratos na minha pia poderiam ter o próprio CEP. Tem um forte montado na minha sala de estar há dias. A minha filha saqueou todos os meus melhores enfeites para decorar o dito forte. A neném está enrolada na minha perna comendo alguma coisa que ela deve ter achado no chão. Eu estou procurando alguma coisa debaixo do sofá quando me ocorreu: "Por onde eu começo?"

Eu não tinha ideia do que queria ser quando crescesse. Não é que eu não tivesse esperanças e sonhos. Eu acho que eu tinha. Eu era feliz, satisfeita e segura vivendo numa cidade pequena. Os meus sonhos implicavam ser uma animadora de torcida profissional ou cantar na Broadway. Em algum ponto, esses meus sonhos pareceram um pouco ridículos, de modo que me concentrei em tirar boas notas e frequentar uma boa escola.

A verdade é que eu sempre soube que seria mãe. Eu amava brincar de boneca enquanto era uma menina que vivia numa rua com um nome bem comum nos Estados Unidos: Lincoln. Na verdade, era provável que eu brincasse de boneca por muito mais tempo que as outras meninas. Lembro-me da última boneca que ganhei no Natal. Ela usava um vestido creme e tinha olhos azuis que piscavam quando eu a deitava para dormir. Naquele ano, existia uma luta no meu coração para eu crescer e uma briga para continuar menina. Para minha sorte, isso também coincidiu de algum jeito com os meus anos de babá. Eu podia agora vestir e cuidar de bebês de verdade que cheiravam a talco de bebê e suco de laranja. Nos anos que se seguiram, enquanto as outras garotas mais populares saíam para namorar, eu passava as noites de sábado colocando os bebês de outras pessoas na cama e assistindo à TV. Eu sonhava em ser uma boa mãe e almejava a casa da qual um dia eu cuidaria.

Quinze anos atrás, eu estava sentada numa cadeira de rodas enquanto uma enfermeira de uniforme cor-de-rosa me empurrava para fora do hospital, maravilhada com a bebezinha nos meus braços. Enquanto o meu marido buscava o carro, lembro-me de haver pensado: "Eles sabem que eu estou saindo com ela? Eles acham mesmo que tenho o que é preciso para ser uma boa mãe?"

Na minha cabeça, eu sempre soube como ser uma boa mãe. A minha versão ficava em algum lugar entre Carol Brady [a matriarca da série de TV *A família Sol-Lá-Si-Dó*] e Caroline Ingalls [a doce mãe da série de TV *Os pioneiros*]. Em nome da consistência, nós deveríamos chamar essa boa mãe de Carol. Carol acordava toda manhã com um sorriso no rosto. Ela preparava rapidinho um café da manhã magnífico e saudável para a sua prole em fase de crescimento enquanto a roupa branca estava de molho na água sanitária dentro da máquina de lavar. Ela reluzia com graça e, francamente, a sua parte favorita do dia era quando as crianças desciam para tomar o café da manhã. Ficava claro que ela lidava bem com essa coisa de mãe.

A melhor parte da Carol era que ela sempre tinha tempo para os filhos. Ela e os filhos tinham uma porção de conversas repletas de sabedoria enquanto comiam biscoitos caseiros com gotas de chocolate depois da aula. Os filhos dela diziam: "Uau, mãe, você é a melhor". Ela sabia que isso era verdade.

À noite, Carol ficava cansada, mas não exausta. Ela dormia com a maquiagem toda perfeita e um sorriso nos lábios. A vida como mãe era boa. Ela era boa. *E ela era o suficiente.*

Eu posso vê-la me encarando com as mãos nos quadris. Ela me julga. Ela me faz sentir rebaixada. *Ela me faz lembrar que nunca vou me equiparar a ela. Ela suspira bastante, me empurrando para seguir em frente quando não tenho mais nada para oferecer. A Carol não é mais o meu modelo de papel de mãe gracioso e reluzente que acredito que posso ser. Ela é uma assombração. E quase todos os dias parece que eu simplesmente não consigo tirá-la da minha cozinha ou do meu coração.*

Eu nunca senti isso mais desde que nasceu a minha quarta filha. Sim, sei que o fato de ter quatro filhas soa adorável. Sei que agora você deve estar pensando sobre o filme *Quatro destinos*, com a Jo, o Marmie e o som de quatro doces meninas. Ou talvez você esteja pensando: "Ei, eu tenho uma filha, e ela é muito mais difícil de criar do que o meu filho". Talvez você esteja, na bondade do seu coração, orando por mim. Deus a abençoe, se você o faz.

A verdade é que ser mãe de quatro meninas é um trabalho tanto maravilhoso quanto quebrantador para mim. É o tipo de trabalho que não pode ser deixado em segundo plano, em que você cava fundo, joga as mãos para o céu e implora por misericórdia. Quase todos os dias me vejo completamente zerada de sabedoria, força e humor. Eu desabo na minha cama imaginando como vou fazer tudo de novo *amanhã*.

Não sou muito boa nisso. Eu tropeço e me atrapalho o dia inteiro com uma plateia de quatro espectadoras. Pela primeira vez na minha vida, estou me apoiando cem por cento na graça que Deus me dá a cada dia. Veja, em todas as outras ocupações que já tive, eu era capaz de atuar com perfeição e bem acima das expectativas para a posição. Com a maternidade, esse não foi o caso, e eu suspeito que nunca será.

Suponho, também, que nenhuma outra ocupação significava tanto para mim quanto essa. O que está em jogo não é uma promoção ou um tapinha nas costas pelo meu mérito. É o coração das minhas filhas. E isso requer uma entrega e uma determinação como eu nunca tinha experimentado.

Eu coloco expectativas sobre mim mesma. Eu sinto que os outros têm expectativas de mim. Eu desabo por frustrar as expectativas das minhas filhas. E, no meio disso tudo, estou abatida e exausta. Sinto todos os dias a pressão de ter de ser maravilhosa... e eu não tenho mais condição de ser maravilhosa.

E o que você faz quando não tem mais condição de ser maravilhosa? Por algum tempo, eu fingia que estava tudo normal. Eu sorria e passava o meu corretivo em baixo dos olhos, o meu batom e cobria a mãe abatida e exausta com um véu. *Eu me escondia atrás do "Está tudo bem"*.

Mas estava longe de estar tudo bem. Eu tinha ondas de desânimo. Na verdade, estava mergulhada no desânimo. Ficava imaginando como por algum acaso eu conseguiria resistir a cada dia. E, já que estou sendo honesta, vou mais além em lhe dizer que eu tinha pensamentos que me assustavam. E nunca contei isso para ninguém.

Mas no dia em que escrevi a postagem original no *blog*, que se tornou o livro que você tem nas mãos agora, alguma coisa aconteceu. Eu falei bem alto. Joguei a toalha e disse: "Eu não sou maravilhosa. Não estou bem". Eu comecei a escrever como eu estava. Não foi bonito. Na verdade, foi meio bagunçado. E no meio da bagunça não vi a Carol crítica. Vi um Deus amoroso que queria me atender no meio daquilo tudo.

> Ele não precisa que eu seja maravilhosa.
> No fundo ele já resolveu isso.

Lembro-me de que, pouco tempo depois de escrever a minha primeira postagem no *blog* que se tornaria *Mãe 24 horas*, uma amiga me parou na igreja. Ela disse: "Uau, você foi super-honesta". Eu disse algo como: "Sim, acho que sim". Ao me afastar, eu só conseguia pensar que finalmente tinha tirado o véu. E eu estava apavorada. "O que os outros pensariam de mim?"

Um dos meus livros favoritos é *À procura de Deus*, de A. W. Tozer. Nele, ele diz:

> Não esqueçamos isto: quando se fala em rasgar o véu, fala-se figuradamente, e a ideia se nos torna poética e quase agradável;

> em realidade, entretanto, nada há de agradável nisso. Na experiência humana, esse véu é feito de um tecido espiritual vivo; compõe-se da substância sensível que também permeia todo o nosso ser, e tocar no mesmo é tocar em nosso ponto mais doloroso. Rasgá-lo é despedaçar-nos, é ferir-nos e fazer-nos sangrar [...]. Nunca foi divertido morrer.[1]

Eu precisei de quarenta anos e quatro filhos para finalmente chegar ao ponto de remover o véu do "está tudo bem". Não foi divertido. Os últimos quatro anos em particular não foram fáceis. Mas foram necessários. Sabe, eu tenho aprendido que não sou a boa mãe que sempre quis ser. Eu não sou um arraso. Em vez disso, sou uma mãe dependente que está aprendendo a viver honestamente como ela está. Sou uma mãe com o véu rasgado que vê que, a fim de estar face a face com a graça, tive de ser trazida de volta à realidade e levada até o fundo do poço. Sou uma mãe exausta que está buscando esperança e segurando-se firme com as duas mãos.

Eu fecho os meus olhos e finalmente peço ajuda: "Jesus, vem hoje. Vem hoje aqui no meu caos. Vem para a minha cozinha, mas primeiro para o meu coração. Eu estou necessitada da tua graça". É engraçado como, assim que eu clamo por Esperança, ele vem correndo e me traz a sua palavra para envolver o meu coração.

> Esperança não é um desejo ou
> um toque de pozinho mágico de fada.
> A esperança é uma pessoa.

A esperança não é um desejo ou um toque de pozinho mágico de fada. A esperança é uma pessoa. A esperança vem com carne e osso em Jesus. Quando eu recorro a ele, ele vem rapidamente.

[1] TOZER, A. W. *À procura de Deus*. Venda Nova: Betânia, 1985, p. 37.

Ele não tem expectativas sobre mim. Na verdade, é exatamente o oposto. Ele fala coisas como:

> *Não temas, porque estou contigo; não te assustes, porque sou o teu Deus; eu te fortaleço, ajudo e sustento com a minha mão direita fiel* (Is 41.10).

> *Vinde a mim, todos os que estais cansados e sobrecarregados, e eu vos aliviarei* (Mt 11.28).

Ele quer me ajudar. Ele quer me consolar. Ele quer tomar os meus fardos pesados e me dar doce descanso para a alma. Quando sou honesta sobre a minha luta e tiro o véu, estou no lugar certo para receber esse consolo. Não existe nada entre nós, e a esperança atinge direto o meu coração.

Ao abrir os olhos, eu vejo que os pratos ainda estão beirando um desastre nacional. Nada realmente mudou no sentido físico. Eu me levanto, e umas poucas lágrimas começam a correr. Ele se inclina perto de mim e fala baixinho mais uma vez: "Claro que eu vou ajudar você. Claro que sim".

E ele ajuda.

QUANDO OS OUTROS SE ENVOLVEM COM A SUA HISTÓRIA

> A amizade surge [...] quando [...] A expressão típica de um começo de amizade seria algo como: "O quê? Você também? Pensei que eu fosse o único...".
>
> C.S. Lewis[2]

Outra coisa aconteceu quando eu joguei a toalha das profundezas caóticas do meu coração. Descobri que, para a minha surpresa, eu não era a única mãe que se sentia assim. Vez após vez, outras mães diziam: "O quê? Você também?" Por mais

[2] LEWIS, C. S. *Os quatro amores*. São Paulo: Mundo Cristão, 1983, p. 52-53.

que eu quisesse voltar correndo para me esconder quando uma amiga minha me parava na igreja, percebi que, ao falar em voz alta, posso ter soado como um trombeta chamando as outras mães que se sentiam do mesmo jeito para se juntarem a mim na jornada da exaustão para a esperança. Era possível que, ao contar a minha história, outras mães também pudessem se ver? Elas tinham a versão delas da Carol espreitando nas sombras do coração delas?

A autora Emily P. Freeman disse em seu livro *Grace for the good girl* [Graça para a boa menina]: "Acredito que as mulheres precisam falar sobre as maneiras de nos escondermos, o anseio de sermos conhecidas, o medo do conhecimento. Além disso, acredito no poder que uma história tem de dar vida, na beleza da vulnerabilidade e na força que é encontrada na fraqueza".[3]

O meu medo sempre esteve amarrado à ilusão de que as outras mães são um arraso e eu não sou. Eu me escondi por anos porque tinha medo de que elas não entendessem as minhas partes danificadas. Acontece que eu estava me escondendo das mulheres que se sentiam exatamente como eu. Elas não estavam me julgando. Estavam simplesmente ocupadas escondendo-se em sua cozinha bagunçada, provavelmente pensando que eu estivesse também julgando-as. Para ser franca, o que nós realmente precisávamos era de um convite para nos envolvermos umas com a história das outras e uma chance de dizer: "Nós não sabemos quanto somos parecidas. Eu conheço a sua história. Também estou vivendo isso".

A ARTE DA LATA DE SARDINHAS

Você conhece a brincadeira da lata de sardinhas? É igual ao esconde-esconde, só que uma pessoa se esconde e todas as outras procuram. Quando uma das pessoas que está procurando

[3] FREEMAN, Emily P. *Grace for the good girl.* Grand Rapids, MI: Revel, 2011, p. 14.

encontra a que está escondida, ela se junta a ela. No final, todas estão juntas como numa lata de sardinhas, rindo. Eu gosto de pensar em *Mãe 24 horas* exatamente assim. Nós estamos todas nos escondendo no meio do nosso próprio caos. Não seria mais divertido se estivéssemos juntas? E se, ao invés de nos escondermos sozinhas, fizéssemos uma lata de sardinhas?

A verdade é que o que nós realmente precisamos é de Jesus. Mas ele sabe, mais do que nós, que fomos feitas para viver em comunidade. Ele sempre foi fã do sistema do companheirismo. Afinal de contas, Adão tinha Eva! Noemi tinha Rute, e Davi tinha Jônatas. Deus nunca planejou que vivêssemos sozinhos uma vida cheia de esperança. O projeto dele era que andássemos com outras pessoas durante a vida toda.

Mas às vezes a vida fica cheia de fraldas, tarefas e esforços para chegar ao fim do dia e nos esquecemos de para o que fomos feitas. Esquecemo-nos do nosso projeto. Nem percebemos que deixamos isso passar até que um dia ficamos sozinhas e desesperadas por uma pessoa que conheça o nosso coração. O que fazemos quando estamos prontas para encarar a lata de sardinhas e para encontrar novas amigas para contar a nossa história e receber encorajamento para os nossos dias mais desgastantes?

Peça a Deus para trazer uma amiga para a sua vida. Peça a ele para montar a lata de sardinhas feita para você.

Peça a Deus para trazer uma amiga para a sua vida. Peça a ele para montar a lata de sardinhas feita para você.

Não sabemos como ou quando Deus vai promover isso. Mas estamos com você, acreditando que Deus começará a construir uma comunidade de outras mães na sua vida. Por quê? Porque temos visto o Senhor fazendo isso na nossa própria vida. Nós vivíamos esgotadas e sozinhas e vimos o fruto que vem de confiar em Deus e compartilhar a nossa vida com outras pessoas que entendem. Deus tem um plano, e ele não trabalha no nosso cronograma. Construir uma comunidade profunda leva tempo. Mas a boa notícia é que você pode começar agora. Pode ser que você tenha de ser valente e sair da sua zona de conforto. Quando nos mudamos para uma cidade nova, tive de me encher de ousadia muitas vezes e puxar conversa com estranhos. Algumas daquelas amizades não duraram. Algumas vingaram e hoje ainda perduram.

QUANDO ENTRAR NA LATA DE SARDINHAS, NÃO SEJA DO LUXO NEM DO LIXO

Construir uma comunidade sempre traz um fator de risco, porque as outras pessoas são humanas exatamente como nós. Não afirmamos que a comunidade seja perfeita. Às vezes deparamos com mães do luxo ou do lixo.

A do luxo. Ela é a rainha da comparação. Ela fala coisas como: "Os meus filhos são melhores, mais inteligentes do que os seus. Você já viu a minha bolsa nova de grife que comprei na promoção? É de coleção, e eu comprei com 99 por cento de desconto. Por falar nisso, o meu marido vai me levar para jantar num restaurante chique e depois vamos ao cinema. Ele me ama de verdade". Essa mãe está tentando se sentir melhor ao se colocar acima das outras mães.

A do lixo. Ela é a mais pra baixo do grupo. Fala coisas como: "A minha vida está arruinada. Nunca consigo lavar a roupa toda. Não tenho esperança. Você pode me ajudar?" Essa mãe está tentando se sentir melhor fazendo você sentir pena dela.

E você: já foi a do *luxo* ou a do *lixo* no seu grupo de amigas? Tenho certeza de que, em um ou outro ponto, todas nós já fomos. Quando você vir outras mães colocando em prática esse tipo de comportamento, ofereça-lhes graça. O nosso dia também vai chegar. Nós precisamos da graça delas da mesma forma que elas precisam da nossa. Nesse meio- tempo, lembre-se de três coisas:

1. Continue deixando Deus moldá-la e fazer de você a mulher que ele quer que você seja. Não espere. Ande com ele agora. É verdade, você tem de ser a amiga que as outras querem ter a fim de conseguir uma amiga que você queira manter.
2. Esforce-se para ser uma sardinha saudável nessa lata. Não seja do luxo nem do lixo quando estiver na lata.
3. As amigas não nos completam. As amigas nos complementam. Só Deus pode encher o seu coração de esperança. As amigas verdadeiras vão direcioná-la para ele.

NESSE MEIO-TEMPO

Às vezes demora um pouco para a verdade penetrar. Quando estamos exaustas, magoadas e desapontadas com a vida, pode ser bom abrir o nosso coração para outras pessoas e passar pelo vale juntos de bom grado. Nós sabemos que pode ser assustador pensar em abrir aqueles lugares sombrios, mas realmente não existe nada a temer quando você abraça as verdades que lhe apresentamos aqui. Outras vezes, somos chamadas para uma terra estranha. Nós estamos sozinhas e não conhecemos uma alma sequer naquele lugar. O que fazemos nesses dias?

Alguns anos atrás, eu me vi exatamente nessa situação. Sempre fui uma moça que adorava se conectar com as outras mulheres. Entrei num grupo de estudo bíblico e dirigi grupos pequenos várias vezes. Nada faz o meu coração bater mais feliz do que me encontrar com as amigas para tomar um café e assistir a um filme de "mulherzinha". Mas de repente eu estava numa cidade nova com uma filha de 3 anos de idade e um bebê. O meu marido tinha um emprego novo e trabalhava por muitas horas, de modo que eu ficava sozinha a maior parte do dia. Lembro-me depois que a minha filha nasceu, um pouco antes do Natal, que a enfermeira me disse: "Não vem ninguém ver você?" Obviamente, por causa dos hormônios, eu segurei as lágrimas e disse: "Nós acabamos de nos mudar para cá. Eu não conheço ninguém". Eu acho que isso fez a enfermeira se sentir pior do que eu naquele momento. Ela se comprometeu a vir me visitar enquanto eu estivesse me recuperando.

Depois de levar para casa o meu pacotinho recheado da graça do Natal, ninguém me trouxe comida. Nós não recebemos visitas. Esperávamos com ansiedade a chegada da família que viria depois das festas para nos ajudar a arrumar a nossa casa nova com o nosso mais novo adendo. A visita deles pareceu curta demais, e mais uma vez tive de enfrentar longos dias e noites me sentindo desconectada.

Eu fazia o que sabia fazer: clamava ao Senhor. Tive uma conversa muito longa com ele numa noite a caminho do supermercado. Falei para ele que eu estava cansada e solitária. Desabafei com o Senhor, dizendo que eu precisava ouvir alguém dizer o meu nome. Isso parece tolo para você? Bem, lembre-se que eu cresci numa cidade pequena. O velho ditado de que "Todo mundo conhece todo mundo" é verdade. Eu fiz faculdade num lugar onde já tinha algumas amigas. Eu dividi o quarto com amigas de infância que me conheciam. Essa era a primeira vez na minha vida em que eu realmente não conhecia ninguém. Quando eu digo que ninguém, quero dizer que ninguém mesmo sabia o meu nome. Então, isso fazia uma diferença muito grande para mim.

Peguei um carrinho e tentei lembrar o que estava faltando na despensa de casa. Eu estava completamente esgotada e exausta. Estava na cara. O meu cabelo estava uma bagunça. Não tenho certeza se me dei ao trabalho de me maquiar naquele dia. Percebi duas jovens quase imediatamente quando entrei no corredor. Elas estavam se divertindo demais para mim. Estava claro que elas eram amigas rindo de alguma piada. Eu me peguei incomodada e com inveja ao mesmo tempo. Passei por elas rapidamente, pegando um pote de molho de tomate. Quando cheguei ao fim do corredor, uma das moças falou: "Ela quer saber se o seu nome é Stacey". Eu parei de repente no meu lugar.

"Ela acabou de dizer o meu nome? O MEU NOME?" Olhei de volta para as moças, procurando alguma familiaridade no rosto delas. "Sim", eu disse, "esse é o meu NOME".

Acabou que a moça que me conhecia era uma amiga antiga da faculdade. Eu não a reconheci, porque ela havia tingido o cabelo de loiro. Ela estava morando e trabalhando na cidade havia pouco tempo. Nós batemos um papo rápido e trocamos os nossos números de telefone. Ela foi embora, e eu voltei às compras. Enquanto me dirigia para o estacionamento, fui vencida pelas lágrimas mais uma vez. Foi Deus quem falou o meu nome naquele dia. Guardo bem aquele som dentro do meu coração desde aquele dia. Agora eu sabia e percebia que a minha identidade se encontrava em quem eu era, e não onde eu morava. Ele também não tinha me perdido de vista nem se esquecido de onde eu estava.

Durante os anos seguintes, Deus começou a construir uma comunidade na minha vida. Encontrei um grupo afetuoso de irmãs com quem podia compartilhar a vida diariamente. Nós fizemos a nossa lata de sardinhas da melhor forma possível — ao redor da mesa estudando a palavra de Deus. O nosso coração e as nossas histórias se conectaram profundamente. Elas apareceram em massa quando a nossa terceira filha chegou — e com comida suficiente para alimentar um exército. O contraste foi maravilhoso. Eu sorria pela forma pela qual Deus tinha suprido. Também fiquei muito feliz de ser mimada.

Ainda assim, não vou descontar os anos de solidão. Eles serviram para um propósito na minha vida. Eu andava bem perto de Jesus, porque não tinha mais ninguém em quem me agarrar além do meu marido e das minhas filhas. Olho para aqueles dias como um tempo em que Deus estava fazendo uma obra específica. Agora sou grata por aqueles dias. Mas também posso ver como ele estava trabalhando por trás das câmeras e me preparando para uma comunidade nova e mais rica de mulheres que se tornaram minhas irmãs de coração.

Como você está hoje, querida amiga? Está tentando desesperadamente se equiparar à mãe perfeita que vive na sua cabeça ou no seu coração? Eu estava. Você está ansiosa para fazer parte de uma comunidade, mas morre de medo de compartilhar a sua história e abrir o seu coração? Eu também já fiquei assim. Nada nos mantém mais esgotadas do que a ilusão de que todo mundo é um arraso. E se nós olharmos para cima em vez de ficarmos considerando os outros por cima? E se, depois de termos encontrado esperança nele, compartilhássemos a nossa própria história de como ganhamos vida? Eu acho que as outras mães viriam correndo com as suas histórias. Juntas, todas nós chegaríamos ao que é relevante para ele. Ele receberia a glória. A esperança se espalharia.

Eu estou dentro. E você?

CAPÍTULO **quatro**

A MARATONA da maternidade

Stacey

Ultimamente, tenho ouvido muitas conversas sobre as fases da maternidade e como vai ficando mais fácil. Uma parte do meu coração quer que isso seja verdade. Mas agora, já há quinze anos na minha própria jornada como mãe, estou começando a acreditar que isso é mais um desejo do que uma verdade do evangelho.

Lembro-me de um dos meus primeiros indícios de que a maternidade exigiria dedicação completa e de que o meu curso estava traçado de um jeito um pouco diferente do que eu imaginava. Eu e o meu marido fomos ao estado do Colorado para a conferência nacional dos membros da Cruzada Estudantil para Cristo, que acontecia a cada dois anos. Nesse tempo, a nossa família era formada por quatro pessoas. Eu decidi colocar a nossa filha mais velha, que tinha quase 4 anos, na creche durante a conferência para eu poder participar de algumas reuniões. A mais nova tinha apenas alguns meses de vida; então ela ficou comigo. Depois de alguns dias de conferência, a mais velha pegou uma gripe e ficou doente. Esse é um momento bem normal na vida de qualquer mãe, certo? Há crianças doentes por todo lado. Mas esse momento típico de mãe foi realçado com outro evento que marcou tremendamente o nosso ministério.

O nosso fundador e presidente, Bill Bright, estava doente havia um tempo e faleceu enquanto os seis mil membros da nossa equipe estavam reunidos para uma das nossas reuniões noturnas. Mas a nossa família não estava no encontro. Tínhamos voltado para o nosso apartamento com a nossa filha doente. Alguém bateu à nossa porta para nos contar a notícia e avisar o meu marido, Mike. Ele fazia parte da equipe de tecnologia que tinha criado um *website* para ser usado no evento do falecimento do dr. Bright. Precisava entrar no ar ao vivo imediatamente. Ele era a pessoa que podia fazê-lo. Ele agarrou o computador dele e voou pela porta afora. Assim que a porta bateu, a minha filha correu para o banheiro. A mais nova estava chorando no cercadinho, e eu fiquei parada sem palavras. Como a notícia da partida do dr. Bright para o céu se espalhou rapidamente, a nossa família da equipe, tendo terminado o encontro da noite, voltou correndo para o ginásio da Universidade Estadual do Colorado. A gratidão pela vida de um homem tão fiel propiciou um louvor espontâneo ao Senhor. Foi um momento santo e marcante na vida do nosso ministério. Deus foi gracioso demais conosco por estarmos todos juntos naquela hora.

Aquele momento também era marcante para mim. Eu queria desesperadamente me juntar àquele momento corporativo como todos os outros. Mas o meu lugar era com as minhas meninas que precisavam da minha presença física, das minhas orações e da minha compaixão mais do que qualquer coisa. A exaustão se instalou de leve naquele dia enquanto eu consolava as minhas duas filhas e me perguntava por que a maternidade às vezes parecia um evento tão solitário.

Aquela mesma menina que tinha 4 anos de idade é agora adolescente. A exaustão físico que eu sentia nos meus primeiros anos desapareceu e foi substituído por uma exaustão emocional que eu sinto quase diariamente. Nesta semana, nós estamos tomando decisões que muito provavelmente afetarão o resto da vida dela. Eu tenho incentivado e treinado a minha filha num nível completamente diferente nesses dias. Alguém uma vez me disse: "Filhos pequenos, problemas pequenos. Filhos grandes, problemas grandes". Eu não diria exatamente que ela tem grandes problemas, mas os problemas dela parecem maiores do que quando ela era menor. Se *esses* são os dias fáceis que me prometeram, eu quero entender qual é a verdadeira definição do que é "fácil". Olhe, eu acho que eles representam bem tentando levantar a luz no fim de um túnel comprido. Cada vez mais vejo a maternidade como uma maratona de resistência, e não como uma corrida de velocidade até a próxima fase da vida. Não existe nenhum outro chamado na vida que mistura a possibilidade da exaustão físico e mental com o triunfo e as tribulações. Ele vai mudando. Ele se modifica quase diariamente. Mas fica mais fácil?

> A maternidade não tem a ver somente com a criação de pequenos seres humanos para se tornarem adultos bem-sucedidos que amam Jesus. A maternidade também tem a ver com Jesus me transformar numa filha fiel.

- É mais fácil lidar com um bebê com cólica ou com um adolescente que fez uma má escolha?
- É mais fácil nunca sair de casa por causa dos filhos doentes ou ver o seu filho sair de casa para a vida adulta?
- É mais fácil se preocupar porque eles não conseguem fazer amigos ou se preocupar com os amigos que eles fizeram?

Nós somos mães. Somos chamadas para amar direito e ser fiéis. E não tem nada de fácil em fazer essas duas coisas para algo que terá resultados para a vida toda. Esse compromisso é o suficiente para fazer que a exaustão se instale no profundo do nosso coração. Na maratona da maternidade, eles passam uma pessoa para você, e não um bastão. E você não cruza uma linha mágica de chegada quando eles terminam o ensino médio. Você corre essa maratona a vida toda — a sua e a deles — e o que se espera que Jesus diga quando estiver face a face com ele é: "Você correu bem, mãe. Você correu bem".

Mas como nós realmente podemos correr bem a maratona da maternidade? Como vamos traçar um curso que condicione o nosso coração para a longa estrada até o lar? Porque na verdade é disso que se trata a maternidade.

UMA BREVE CAMINHADA QUE LEVOU QUARENTA ANOS

Eu tenho um amor profundo pelas Escrituras. Acho incrível que Deus tenha sido tão completamente honesto conosco sobre como o povo dele andou (ou não) com ele ao longo do tempo. Ele poderia ter decidido deixar de fora muitas histórias, porque, como temos de admitir, elas são bem duras. Mas Deus, na sua sabedoria infinita, sabia que precisaríamos desses exemplos de humanidade para que as nossas próprias histórias fossem escritas com graça. Ele sabia que precisaríamos ver pessoas como nós falhando e então encontrando redenção e resgate nele.

Quando penso em longas estradas para casa, penso na nação de Israel. Os israelitas transformaram uma caminhada curta numa jornada para a vida inteira. Para ser precisa, isso foi parcialmente devido ao fato de que eles tinham um dom para fazer más escolhas. Mas, nesse processo, Deus os tornou um povo que ele chamava de seu. Acho que a história deles, mais do que qualquer outra, me faz lembrar que a maternidade não tem a ver somente com a criação de pequenos seres humanos para se tornarem adultos bem-sucedidos que amam Jesus. A maternidade também tem a ver com Jesus me transformar numa filha fiel. Enquanto estou ocupada verificando as etapas dos meus filhos, Deus está verificando as minhas também.

> *Ó Senhor, não há ninguém semelhante a ti, e não há Deus além de ti, segundo tudo quanto ouvimos com os nossos ouvidos. Que nação da terra é semelhante ao teu povo Israel, a quem tu, ó Deus, resgataste para ser teu povo, tornando-te famoso e operando esses grandes e terríveis feitos em favor do teu povo, que do Egito resgataste para ti, expulsando de diante dele as nações e os seus deuses? Pois estabeleceste para sempre o teu povo Israel como teu próprio povo e te tornaste o seu Deus, ó Senhor* (1Cr 17.20-22).

Então, como Deus redimiu o seu povo? Ele o resgatou de um rei tirano no Egito que estava oprimindo-o por centenas de anos. Ele realizou atos grandes e poderosos. Ele o guiou, o alimentou e no fim ele voltou o coração deles para o seu próprio coração. A história é inegavelmente escrita ao estilo de Hollywood. É um épico, como a minha filha diria.

Eu amo Hebreus 13.8, porque me lembra de que *Jesus Cristo é o mesmo ontem, hoje e eternamente*. Esse mesmo Deus também escreve a minha história. Ela também é um épico — pelo menos para as pessoas da minha casa e do meu coração. Acho que os aspectos da jornada de Israel podem fornecer um paralelo poderoso ao longo da minha maratona pessoal da maternidade.

Existe um plano

O plano de Deus nem sempre faz sentido naquela hora. Deus prometeu levar Israel para a Terra Prometida. A rota que ele escolheu não era a mais curta nem a mais fácil. Mas Deus tinha uma razão para levar o povo para onde e como decidiu. Ele estava lhes ensinando a serem fiéis e a dependerem dele.

A minha amiga Krystal é uma corredora de verdade. Uma vez, ela me contou de uma maratona que ela correu na *Disney World*. Perto do fim do percurso, eles tinham de correr ladeira acima, depois numa curva, e não dava para ver a linha de chegada. Ela estava querendo desistir. Mas, quando já estava antevendo o seu fim, ela avistou a linha de chegada. Isso fazia sentido naquela hora? Não. Mas o Mickey e a Minnie estavam lá com água gelada e uma medalha para colocar no pescoço dela. A parte da corrida onde Krystal queria desistir era onde a maratona terminava. Ela respirou fundo, confiou em algo maior que ela e continuou correndo.

O plano de Deus para a minha vida como mãe também não faz sempre sentido para mim. Como educo uma criança que é igualzinha a mim? E a que é completamente diferente de mim? Quando gasto a minha vida, entra dia e sai dia, e eles não notam quanto eu faço por eles, como isso pode ser melhor do que ouvi-los dizer: "Obrigado"? Eu não sei. Mas aqui está o que eu sei. Este lugar — que às vezes parece um deserto — é onde Deus está me ensinando a depender dele. Estou aprendendo a ser fiel onde estou. Estou aprendendo a clamar por ele. Estou aprendendo a cavar fundo na graça e permitir que ele seja tudo o que eu preciso.

Existe um ritmo

Deus não estava preocupado em levar Israel do ponto "A" para o ponto "B" em tempo recorde. O povo gastou seus longos anos caminhando e esperando. Deus demorou para cumprir a sua promessa? Pode ter parecido que sim. A presença de Deus estabelecia o ritmo da jornada deles.

> *E o Senhor ia à frente deles, de dia numa coluna de nuvem para os guiar pelo caminho, e de noite numa coluna de fogo para os iluminar, para que caminhassem de dia e de noite. E a coluna de nuvem não se distanciava do povo de dia, nem a coluna de fogo, de noite* (Êx 13.21-22).

Ele guiava com uma nuvem de dia e uma coluna de fogo à noite. Se a nuvem se mexia, o povo se mexia. Quando a coluna de fogo parava, o povo parava. Às vezes eles ficavam acampados num lugar por semanas. Outras vezes, seguiam viagem por vários dias. Eu posso até imaginar o povo observando diariamente e dizendo: "Deus se mexeu? Ele ainda está conosco? Aonde ele vai? Será que hoje é o dia?" A expectativa devia ser grande. Com certeza às vezes a espera também era difícil de suportar.

Os corredores falam que a parte mais importante de uma corrida longa tem a ver com o ritmo em que eles correm. Se você começar rápido demais, vai se esgotar rápido demais e não vai ter nada sobrando para dar no final. O ritmo é influenciado diretamente pelo ponto onde se fixa o olhar. O que acontece é que, quando você olha para o lugar errado, isso afeta o seu corpo inteiro e a velocidade em que você corre. Eu achei isto fascinante:

> Mirar o seu olhar fixo em pontos que estão próximos à sua posição atual resultará em maior estresse e fadiga mental [...]. Quando mirar ou "fixar" os olhos em um ponto muito distante, você descobrirá que correrá com mais facilidade e liberdade, e sentirá como se estivesse sendo empurrado em direção a esse ponto.[1]

Como mãe, alguns dias sou tentada a olhar para o caos do momento e desejar um dia deferente. Os pontos mais perto de mim me causam estresse e exaustão. Se eu quiser correr com liberdade e ser impulsionada ao longo da jornada, adivinhe para onde preciso olhar?

> *Portanto, também nós, rodeados de tão grande nuvem de testemunhas, depois de eliminar tudo que nos impede de prosseguir e o pecado que nos assedia, corramos com perseverança a corrida que nos está proposta, fixando os olhos em Jesus, o autor e consumador da nossa fé, o qual, por causa da alegria que lhe estava proposta, suportou a cruz, não fazendo caso da vergonha que sofreu, e está assentado à direita do trono de Deus. Assim, considerai aquele que suportou tal oposição dos pecadores contra si mesmo, para que não vos canseis e fiqueis desanimados* (Hb 12.1-3)

Nós olhamos para Jesus. Ele é a nossa nuvem de dia e a nossa coluna de fogo à noite. Ele foi à nossa frente, e ao colocarmos o nosso olhar fixo nele somos puxados na direção dele e do nosso lar eterno. Eu posso vê-lo em pé depois da linha de chegada. Ele está lá, e é nesse lugar que os meus olhos exaustos precisam

---

[1] HANSEN, Derek M. *Where you look can affect how you look: running mechanics and gaze control* [O lugar para onde você olha pode afetar como você fica: a mecânica da corrida e o controle do olhar fixo], 4 de agosto de 2009, <http://www.runningmechanics.com/articles/biomechanics-and-technique/where-you-look-can-affect-how-you-look-running-mechanics-and-gaze-control/>.

estar firmes todos os dias para que eu também possa manter o ritmo constante nessa corrida que é ser mãe.

Existe uma provisão

Quando eram escravos no Egito, os israelitas tinham um lugar para dormir e comida na mesa. Não se pode negar que isso tudo também era opressivo e extenuante. Mas, às vezes, até nos nossos lugares de maior dificuldade temos um pouquinho de controle. Eles sabiam como encontrar comida. Eles sabiam como sobreviver.

Mas que tipo de comida a gente encontra no deserto? O que você come quando tudo o que pode ver por quilômetros é areia? O rebanho estava acabando, e o que eles levaram do Egito não durou muito tempo. Então fizeram o que muitos de nós fazemos em situações semelhantes. Eles reclamaram.

> *E toda a comunidade dos israelitas murmurou contra Moisés e Arão no deserto, dizendo: Quem nos dera tivéssemos morrido pela mão do SENHOR na terra do Egito, quando estávamos sentados junto às panelas de carne, quando comíamos pão à vontade. Mas nos trouxestes a este deserto, para matar de fome toda esta multidão* (Êx 16.2,3).

Isso parece com a minha casa todos os dias lá pelas 5h30 da tarde. Eu tenho certeza de que você já ouviu algo perecido na sua casa também. Mas Deus não os levou ao deserto para matá-los de fome.

O Eterno disse a Moisés: *Tenho ouvido as murmurações dos israelitas. Dize-lhes: À tarde comereis carne, e pela manhã tereis pão à vontade; e sabereis que eu sou o SENHOR vosso Deus* (Êx 16.12).

Eu acho que ele permitiu que eles sentissem fome de verdade para poder alimentá-los e ser a sua provisão. Ele queria ser a fonte deles. Diariamente eles juntavam pão e carne e eram alimentados pelo seu Deus.

Nós fazemos a mesma coisa, não é mesmo, minha amiga? Ficamos com fome e então reclamamos. Mas nós precisamos dele para preencher o nosso coração, e não o nosso estômago. Dizemos coisas como: "Eu estou aqui morrendo, Senhor. Não consigo dar mais nenhum passo nessa jornada de ser mãe. Onde está o meu pão?"

Eu sou o pão da vida (Jo 6.48).

Não existe dúvida de que ele é o alimento da alma de que precisamos quando estamos esgotadas. Da mesma forma que os israelitas juntavam maná suficiente para cada dia, nós também precisamos juntar o que temos na palavra de Deus diariamente. Ele quer ser a nossa fonte também. Nós temos esta promessa para nos lembrar: *Porque tudo o que foi escrito no passado foi escrito para nossa instrução, para que tenhamos esperança por meio da perseverança e do ânimo que provêm das Escrituras* (Rm 15.4).

Vamos voltar mais uma vez à analogia da corrida. Aqui estamos nós, correndo, correndo, correndo, e Jesus nos oferece combustível para prosseguirmos. Só que não é água nem barrinha energética. Ele está nos oferecendo esperança na forma da sua palavra. Nós vamos continuar correndo e dizer: "Ah, não. Obrigada, Jesus, estou bem. Eu não preciso de esperança hoje". Ou a recebemos, permitimos que ela nos encoraje e encontramos força para prosseguir? Os grandes corredores não recusam a nutrição que eles sabem que os fará alcançar a linha de chegada. Como poderíamos ser diferentes?

A maratona de ser mãe certamente exige resistência mental e dedicação para prosseguir. Nós temos um plano delimitado e a presença dele na nossa vida para nos mostrar o caminho. Deus vê o início e o fim em apenas um relance. Nós podemos correr em frente, confiando que ele providenciará o que precisamos especialmente nos dias mais desgastantes.

Tu estás ao meu redor e sobre mim colocas a tua mão (Sl 139.5).

Jesus está conosco a cada passo do caminho. Ele está nos treinando e encorajando a seguir em frente. Ele corre ao nosso lado e nos ajuda a carregar o fardo. A beleza de tudo isso é que nós não corremos sozinhas. Não importa quanto quisermos desistir. Sim, até naqueles dias.

ACAMPANDO

Às vezes, como mães, tudo o que queremos fazer é exatamente o oposto de correr. Nós queremos largar todo o movimento para seguir em frente e gastar um tempo enorme paralisadas. O nosso uniforme para o oposto à corrida é calça *legging* e um moletom, que, quando você pensa nele, se parece muito com uma roupa que você usaria para correr. Isso não nos intimida nem um pouco. Queremos levar a preguiça a um nível superior e ter bastante lanchinho e entretenimento por perto para que possamos aproveitar o nosso momento vegetativo sem ter de exercer muito (ou nenhum) esforço. Pessoalmente, o lanchinho da minha escolha incluiria alguns, se não todos, estes itens a seguir: pipoca, M&Ms, sorvete e balas. Bem, talvez eu tenha de abandonar as balas esses dias. Mas como eu gostaria. O entretenimento é fácil, porque a minha série favorita agora está passando no *Netflix*. Nós poderíamos acampar aqui por uma semana e tanto e não derramar uma gota de suor nem levantar um dedo. Isso parece bom em muitos níveis.

Israel também acampava. Por algum motivo, Deus mandou que o povo acampasse. Ele guiou os israelitas até ali. Mas eu chego a pensar que eles não aguentavam mais correr, fugir e carregar nas costas o que representava tudo o que tinham na vida também. Eles estavam esgotados de todas as formas. Certamente tinham chegado a um ponto em que o plano não fazia muito sentido. Misericórdia! Havia uma massa de água enorme na frente deles, e não existia nenhum barco que levasse cerca de um milhão de pessoas. Eles estavam cansados e com medo. Sim, acampar fazia o maior sentido.

Nesse meio-tempo, quem vinha correndo à toda velocidade no rastro deles? O seu maior inimigo:

> *Os egípcios, com todos os cavalos e carros do faraó, com seus cavaleiros e seu exército, os perseguiram e os alcançaram acampados junto ao mar, perto de Pi-Hairote, em frente de Baal-Zefom* (Êx 14.9).

Isso provavelmente não será um choque para você, mas adivinhe o que os israelitas fizeram. Eles reclamaram e perguntaram a Moisés, o líder, por que ele simplesmente não os deixara morrer no Egito, onde estavam a salvo. Moisés tentou acalmá-los e então lhes entregou a mensagem de Deus:

> *Por que clamas a mim? Ordena aos israelitas que marchem. E tu, ergue e estende a tua mão com a vara sobre o mar e abre-o, para que os israelitas passem pelo meio do mar em terra seca* (Êx 14.15,16).

Você consegue imaginar o que o povo pensou quando Moisés disse: "Levantem-se. Vamos levantar acampamento. Deus vai nos tirar daqui ATRAVÉS do mar"? Eu imagino que muitos pensaram que ele estava louco. Alguns podem ter pensado que, no meio dessa situação terrível, este seria um bom lugar para simplesmente abrir uma cova. Mas Deus tinha mais uma coisa para eles:

> O SENHOR *guerreará por vós. Por isso, acalmai-vos* (Êx 14.14).

Israel ficou observando enquanto Deus não somente abriu o mar diante deles, mas também moveu a nuvem da sua presença, que sempre tinha estado na frente deles, e se colocou entre eles e os egípcios.

Ele foi adiante deles.

Ele foi por detrás deles.

Ele lutou por eles.

A esperança encontrou um caminho quando não havia nenhum caminho para ser encontrado.

> *Assim, naquele dia, o* SENHOR *salvou Israel da mão dos egípcios, e Israel viu os egípcios mortos na praia do mar. Israel viu a grande obra que o* SENHOR *havia realizado contra os egípcios, de modo que o povo temeu o* SENHOR *e creu no* SENHOR *e em Moisés, seu servo* (Êx 14.30,31).

Lembra-se de que eu disse que era um épico? Deus mandou Israel levantar acampamento e seguir em frente diante do mar Vermelho aberto, antes que a presença dele saísse de trás deles. Ele deu a ordem. Eles tinham de se mexer antes de verem o Senhor cumprir a promessa de lutar.

Então este é o ponto da história em que a coisa fica pessoal. Eu entendo como é ficar no acampamento. Vejo-me com medo e tremendo, olhando em volta e dizendo: "O que você quer que eu faça?" Eu estava nesse lugar muito conhecido alguns dias atrás. Só que o mar Vermelho que Deus precisou abrir era a necessidade de escrever um livro com todos os pormenores da minha vida de esposa e mãe de quatro filhas. Isso não lhe parece um milagre? Eu lhe asseguro que é. E o inimigo gritando por trás de mim era uma questão de saúde. Sentei-me perto da lareira e chorei. Também catei o meu chocolate meio-amargo e disse: "Este vai ser um bom lugar para abrir a minha cova. Passe o sorvete, por favor. Eu desisto".

E então Deus falou as palavras de Êxodo 14.14 por meio da minha querida amiga Brooke. Ele me fez lembrar que, mesmo quando a exaustão e o medo dizem *não*, a esperança diz *siga*. A estrada para casa é longa, mas você não está sozinha. *Eu guerrearei por você*.

A verdade é que a vida como mãe não fica mais fácil, porque nós temos um chamado sólido para a nossa vida. Madre Tereza disse uma vez: "Nós não fazemos nada. Deus faz tudo. Toda a glória deve voltar para ele. Deus não me chamou para ser bem-sucedida. Ele me chamou para ser fiel". Conforme Deus amadurece os nossos filhos, também molda o nosso coração. Ele está nos tornando mamães mais parecidas com o Filho dele. Quanto mais ele reduz o que não se parece com ele na minha vida, mais perto ele chega dos lugares que machucam mais profundamente. Acho que estou vendo relances de em quem estou me tornando enquanto ao mesmo tempo entrego as minhas filhas nas mãos dele. Existem recompensas para os dois lados. Cada vez mais, fixo o meu olhar nele. Eu posso vê-lo em pé logo depois da linha de chegada. Ele está sorrindo. E eu vou continuar correndo.

CAPÍTULO **cinco**

REDIMINDO A CULPA de mãe

Stacey

Eu estava sentada em silêncio de frente para ela, com um caderno e uma caneta sobre a mesa bem à minha frente. A minha Bíblia de estudo de capa preta estava posicionada de forma organizada ao lado do meu caderno. Eu estava pronta para absorver cada pedacinho de sabedoria que ela possuía porque, francamente, eu tinha plena certeza de que a minha tinha acabado. "Stacey, acho que a coisa que mais atrapalha você é o seu desejo de agradar as pessoas. Na verdade, acho que, se não trabalhar nisso agora, isso vai perseguir você pelo resto da sua vida", ela disse de um jeito amável, mas firme.

Nesse ponto, tudo o que eu queria fazer era agradá-la. Então, quando ela me entregou o livro *Search for significance* [A busca por significado], de Robert S. McGee, prometi que o levaria para o meu quarto e faria todos os testes pessoais que o livro sugeria. Dias depois, nós nos encontramos na mesma mesa, no mesmo canto da sala de jantar. Eu acho que ela inteligentemente trouxe-me o seu famoso pão de sementes de papoula para adoçar um pouco a nossa conversa.

"O medo do fracasso domina a sua vida", ela leu. "Se você não fizer alguma coisa a esse respeito agora, ele não irá embora sozinho."

"Uau! Isso é muito forte", comentei. "Aí diz mesmo *domina a sua vida*?"

Sim. Dizia. Na verdade, cada teste que eu fiz desse livrinho afiado dizia quase sempre exatamente a mesma coisa.

Nós estávamos bem atrapalhadas, mas pelo menos tínhamos uma à outra. E isso de alguma forma facilitava para seguir em frente.

Sentimentos de culpa dominam a sua vida.
O medo do castigo domina a sua vida.
O medo da rejeição domina a sua vida.

Pelo menos você pode ver que fui consistente na minha pontuação. Eu sempre tirei notas altas em testes, o que era ótimo. Ou, neste caso, era péssimo? O que me lembro desse momento de aconselhamento com alguém que eu respeitava imensamente é que, pela primeira vez na minha vida, o meu disfarce foi descoberto. *Eu tinha medo de falhar. Eu era altamente motivada pelo que os outros pensavam de mim. Eu tinha dificuldade de dizer não quando qualquer pessoa me pedia para fazer qualquer coisa. Eu queria que as pessoas gostassem de mim.* Isso era tão ruim assim? Aparentemente era, porque isso dominava a minha vida.

Contorci-me na cadeira e dei uma mordida no pão. *O que vou fazer agora?*

A minha conselheira foi sábia o suficiente para colocar o seu braço em volta dos meus ombros e me encorajar naquele dia. Ela me deu o livro, indicou-me algumas páginas para ler e me fez lembrar que existia esperança para moças como eu. Ela sabia, porque ela era mais parecida comigo do que eu imaginava.

Peguei o livro e o coloquei na minha mochila quando voltei para a Universidade de Indiana no início das aulas em 1991. Em algum momento depois daquele dia, eu me sentei com a minha colega de quarto Robin e fiz com ela os mesmos testes do livro. Lembro-me de haver somado a pontuação dela e descoberto que nós duas estávamos na mesma busca por mais virtude em nossa vida. Ela teve a mesma pontuação brilhante que eu. Nós achamos isso uma loucura naquela hora. Estávamos bem atrapalhadas, mas pelo menos tínhamos uma à outra. E isso de alguma forma facilitava seguir em frente.

Eu ainda não sabia, mas a graça estava agindo na minha vida e procurando mais espaço para fazer o meu coração que deseja agradar as pessoas descansar e ser renovado. A culpa também deu um bom trabalho, mas naqueles dias eu tirava horas para me debruçar sobre a verdade da minha Bíblia de estudo. A graça continuou a me cortejar por meio da palavra e finalmente venceu. Eu levei a sério Efésios 2.8,9: *Porque pela graça sois salvos, por meio da fé, e isto não vem de vós, é dom de Deus; não vem das obras, para que ninguém se orgulhe.* Finalmente acreditei que isto é verdade: Graça significa trabalhar *com base* na aceitação, e não *em direção* a ela.

Finalmente acreditei que isto é verdade: **Graça** significa trabalhar *com base* na aceitação, e não *em direção* a ela.

Eu tinha 22 anos quando me formei na Universidade de Indiana, e alguns meses mais tarde me casei com o melhor rapaz que eu conhecia. Conheci o Mike nas férias em que a graça apareceu na minha vida na cidade de Ocean. Trabalhávamos juntos no mesmo escritório, compramos uma casinha linda e sonhávamos em começar a nossa família.

Agora, uns vinte anos mais tarde, chego à conclusão de aprendemos lições em estágios. É quase como se as camadas do nosso coração fossem removidas como uma cebola. Aprendemos uma lição e pensamos: "Ah, entendi". Até que um dia nós não entendemos mais. Nesse ponto, Deus toma a sua mão santa e remove outra camada. Dessa vez, ele sonda um pouco mais fundo. Parece um pouco com um *déjà-vu*. "Eu já não estive nesse lugar?", podemos perguntar a nós mesmas. A verdade é que nós já estivemos aqui antes, mas não estivemos. Algumas lições são tão importantes que temos de aprendê-las mais de uma vez.

A culpa não tem espaço no lugar onde existe a graça.

Ultimamente tenho reaprendido muitas coisas que eu achava que tinha entendido. Existem lugares no meu coração que eu poderia jurar para você que já tratei anos atrás. Eu mudei ou retrocedi? Era como se tivesse ganhado o meu diploma de bacharelado em verdade em algum lugar no passado e agora estivesse tentando fazer o meu mestrado em culpa. Então Deus carinhosamente me mandou de volta para a sala de aula da graça, chamada maternidade. Eu estava aprendendo mais uma vez que a culpa não tem espaço no lugar onde existe a graça.

> "Está me batendo um sentimento de culpa."
>
> — Rex, o dinossauro de *Toy Story*

Comece uma conversa com outras mães sobre culpa de mãe, e você terá uma reação animada. Não muito tempo atrás, perguntei para algumas amigas minhas por que tipo de coisas elas se sentiam culpadas como mães diariamente. Isto é o que elas disseram. Sinta-se à vontade para colocar um sinal ao lado de qualquer uma das situações a seguir que também se repetem com você.

	CULPA POR
	Não ser voluntária na escola dos filhos
	Preocupar-me com a minha reputação como mãe
	Alimentar os meus filhos de determinada maneira
	Preocupar-me demais com as questões do coração
	Não me preocupar o suficiente com as questões do coração
	Minha ira
	Nossas escolhas na educação
	Não ser rígida o suficiente
	Não ser uma mãe superapoiadora dos esportes
	Gastar o meu tempo sozinha andando de carro
	Não sair o bastante à noite com o meu marido para namorar

	Deixar passar os momentos do dia a dia
	Não ter dinheiro para fazer as coisas que o meu filho quer fazer
	Não brincar com as crianças
	Estar cansada demais para levá-los para passear
	Minhas próprias limitações por ter uma doença crônica
	Não ser uma mãe habilidosa em artes manuais
	Estar com eles, mas não ser presente
	Não gastar tempo individual suficiente com cada filho
	Não ser o modelo que eu deveria ser para os meus filhos
	Nossa casa bagunçada
	Deixar meus filhos assistindo demais à televisão ou brincando demais com brinquedos eletrônicos

Você consegue se identificar com isso? Talvez você queira adicionar um ou dois itens? A questão é que toda mãe se sente culpada por alguma coisa que ela fez ou não fez direito. Algumas coisas, vamos assumir que nos fazem sentir culpadas. Outras coisas, gostaríamos de varrer para debaixo do tapete — por exemplo, aquela que nos faz sentir culpadas por não mantermos tudo limpo o bastante.

A HISTÓRIA DE UMA MÃE

Ela comprou uma das melhores marcas de sabão em pó para a família, porque se importava com o valor e a limpeza da casa. Quando apareceram os pacotes de um tipo novo de sabão em tablete para jogar na máquina, ela pegou uma caixa e colocou o restante ao lado da lavadora. O que aconteceu em seguida torturou essa mãe de culpa por meses.

O seu filho menor pegou por engano a embalagem do sabão de lavar roupas achando que era doce e ingeriu o conteúdo. Como resultado, ele passou vários dias entubado. Ele se recuperou, mas ela levou meses para resolver a culpa do tamanho de um caminhão de carga que amontoava sobre os seus ombros como mãe. *Eu devia ter tido mais cuidado. Que tipo de mãe eu sou? Se pelo menos eu não tivesse ido trabalhar naquele dia.* A lista crescia cada dia mais.

Foi um acidente. Ela admitiu para mim que agora é uma mãe melhor e mais forte por ter resolvido a culpa de mãe pelo incidente. Mas uma coisa interessante aconteceu quando ela compartilhou a história com o jornal local. Outra agência maior de notícias pegou a história dela e a vinculou a um *blog* famoso para mães. Quando uma amiga lhe contou sobre a postagem no *blog*, a minha amiga foi conferir. Ela então cometeu o erro de ler os comentários deixados por outras mães sobre a história.

As outras mães a julgaram. Elas apontaram o seu dedo de mãe para alguém que era mãe como elas. Algumas delas disseram: "Como ela pôde?" e "O que essa mãe estava pensando?"

E, a cada comentário lido, a sua culpa de mãe voltava com uma condenação maior. Aqui está o que ela me disse sobre esse momento da sua vida: "De repente, o que eu pensava no profundo do meu coração estava sendo falado para mim por estranhas sem coração. Bem quando eu estava começando a me curar, parecia que o inimigo queria me colocar para baixo".

Você tem um lugar sensível nas profundezas do seu coração que está tentando curar? Isso está causando uma exaustão enorme na sua vida? Quer saber? Eu acho que a maioria das mães pode dizer "sim" a essa pergunta. Na verdade, vou me colocar no primeiro lugar da fila.

A MINHA HISTÓRIA

Ultimamente, as pessoas que eu mais quero agradar na vida são as minhas filhas. Fico profundamente arrasada quando as decepciono de alguma forma. Fico preocupada com a próxima coisa que vou fazer como mãe e que com certeza vai mandá-las para a terapia quando tiverem 18 anos. Eu penso: "Desta vez vou mesmo prejudicar as minhas meninas". Você se lembra do meu prognóstico de que "O medo do fracasso domina a minha vida"? Posso dizer como mãe que esse tem sido o caso mais vezes do que eu posso admitir. Alguns meses atrás, eu estava certa de que tinha arruinado a vida da minha filha para sempre. Eu deveria saber. Poderia ter lidado com a situação de uma forma bem diferente. Gostaria de ter refletido antes, mas não o fiz.

A minha filha mais velha acabou de completar 14 anos. No ano passado, depois de muito esforço, ela conseguiu ser aprovada para uma das categorias mais difíceis que existem no balé. Aprendeu a dançar balé com sapatilhas de ponta. Ela começou a dançar com 5 anos de idade e, quando a vi atingindo o objetivo de se juntar à companhia jovem de dança e melhorando o seu desempenho para dançar, fiquei muito orgulhosa. Esse desafio não veio sem lágrimas. Toda semana ela chorava quando eu a pegava depois da aula. Nós conversamos muito sobre perseverança naqueles dias, e ela derrotou os seus medos, a sua dor e o seu próprio corpo. Eu não fiquei somente orgulhosa, mas inspirada. Escrevi sobre ela num livro que foi lançado em maio de 2013, intitulado *Being OK with where you are* [Ficando bem com o lugar onde você está]. Perguntei para ela se eu podia compartilhar essa história, mas a publiquei sem deixá-la ler. Quando o livro chegou da gráfica, ela pegou uma cópia e começou a ler.

Eu subi para guardar alguma coisa e, quando voltei para a cozinha, a ouvi soluçando no banheiro. Aproximei-me da porta e perguntei o que tinha acontecido. Ela respondeu quase engasgando:

— Você falou quanto eu pesava? — perguntou em lágrimas.

— Ah, querida, sim, eu falei. Eu estava tentando dar mais detalhes. Eu estava enfatizando que você perseverou. Isso é uma coisa boa. Além do mais, meu amor, você nem está gorda. A mamãe acha que você é perfeita do jeito que é.

Ela continuou chorando.

Tentei explicar que toda mulher que lesse o livro também adoraria poder ter esse mesmo peso. Ela não ficou muito segura disso. De repente, nesse momento eu me lembrei de quando tinha a idade dela e os outros riam do meu cabelo. Não tem nada pior. Eu rapidamente pedi desculpa.

Ela não saía do banheiro por nada. Eu prometi mudar o texto assim que pudesse, mas isso teria de esperar alguns dias até que o meu marido voltasse de uma viagem de negócios. Ela finalmente saiu, e eu quase imediatamente me senti engolida pelo fracasso e pela culpa.

Alguns dias depois, ela conseguiu falar a respeito. Disse-me que talvez tivesse exagerado um pouco e que eu não precisaria mudar o texto. Eu lhe disse que estava arrependida de não ter deixado que ela lesse antes de mandar para a gráfica. (Agora estou tranquila pela certeza de que ela leu esta história e deu a sua aprovação sincera.)

Vou contar-lhe o que a culpa fez no meu coração naquela semana. Cheguei à conclusão de que eu era a pior mãe de menina do mundo. Quem no seu perfeito juízo escreveria ou publicaria o peso da própria filha, a não ser o peso do dia em que ela nasceu, quando somava menos de 4 quilos? *Eu devia ter pensado melhor nisso. Não sou de confiança. Ela pode nunca mais se curar da dor que lhe causei. Preciso tirar o livro das prateleiras da editora. Na verdade, eu devia parar de escrever de uma vez.*

Agora, quem é que estava exagerando um pouco? Talvez, apenas talvez, eu saiba de onde veio essa verve dramática da minha filha. Acho que eu devo ter me lançado na cama, trocado mensagens com algumas amigas que são mães escritoras e comido mais do que a minha dose normal de M&Ms.

A culpa de mãe pode causar uma exaustão que um cochilo não vai resolver. Ela nos sobrecarrega e nos esgota. Ela transforma mães perfeitamente normais em mulheres que estão convencidas de que poderiam ganhar o prêmio de *Pior mãe do ano*. Passei anos lendo sobre a graça e tentando entendê-la, e estou convencida de que ela é o antídoto para a culpa. As duas não podem viver juntas. Uma tira o lugar da outra. O ideal é que a graça viva e sopre na nossa vida, e que a culpa vá embora. Mas é muito mais comum que o oposto seja verdade. Como podemos dar mais espaço para a graça repousar sobre a nossa vida? Eu acho que precisamos regularmente arrancar pela raiz as mentiras nas quais acreditamos, nos libertar da culpa e reivindicar a nossa liberdade como filhas de Deus.

ARRANCAR AS MENTIRAS PELA RAIZ

O *Dicionário Webster* de 1828 afirma que uma mentira é "uma falsidade proferida com o propósito de enganar". Quando você acredita numa mentira, está sendo enganada. Parece simples, não é mesmo? Mas as mentiras são escorregadias, normalmente envolvidas por um pequeno elemento de verdade e ligadas a outras mentiras básicas nas quais somos propensas a acreditar. O desafio que enfrentamos é desfazer o emaranhado do caos. Você já cavou em volta de uma árvore e a mudou de lugar no seu quintal? Bem, eu também não, mas um pastor que eu conhecia fez isso e me disse que, quando você faz esse tipo de trabalho, tem de cavar fundo. Isso dá uma chance de um novo começo para a árvore. Nós também, como mães, precisamos de um novo começo. Então vamos manter essa figura na mente e fazer uma escavação pessoal. Vamos ver se não conseguimos encontrar a verdade na nossa vida e cortar fora qualquer mentira que esteja nos dominando. Podemos usar a minha história como exemplo.

Qual é a verdade? As minhas palavras magoaram de verdade a minha filha, e isso me causou sofrimento.

Qual é a mentira? Eu sou a pior mãe do mundo e devia parar de escrever.

A mágoa que ela sentiu era válida. O meu remorso por tal ação também era válido. Essa verdade envolvia a mentira, questionando o meu valor como mãe e escritora, e tinha o potencial de se tornar explosiva na minha vida. Se deixada sem controle, a mentira teria lhe negado qualquer chance de ler o livro que você tem nas mãos agora. Ele nunca teria sido escrito. Tenho certeza de que o inimigo teria adorado se eu parasse. Ele estava usando essa mentira para me convencer de que ele era digno de ser ouvido. Ele é um grande mentiroso. Deus até diz: *Quando ele mente, fala do que lhe é próprio, pois é mentiroso e pai da mentira* (Jo 8.44).

Para arrancar a mentira pela raiz, precisamos ser diligentes porque o pai da mentira pode ser persuasivo. Também é importante entender que às vezes uma mentira está ligada a outras mentiras nas quais somos propensas a acreditar. Ouvi Beth Moore dizer uma vez que você precisa chegar à primeira mentira em que acredita e então desembaralhar todas as outras. A primeira mentira que é mais provável em que eu acredite é que Deus não me vê ou não sabe o que está acontecendo. Sinto-me sozinha. Quando me sinto assim, é fácil me convencer de que *sou a pior mãe do mundo*. Eu posso decidir ficar escrava das minhas emoções ou posso arrancar a mentira pela raiz e avançar para o próximo passo. Uma vez pega pela primeira onda de emoção, começo a descer numa espiral e a acreditar em mais mentiras ainda. Quando avanço, chego um passo mais perto da liberdade. Isso parece muito melhor, não é mesmo?

LIBERTAR-SE DA CULPA

A culpa se baseia no medo de sermos definidas pelo último erro que cometemos. Mas a graça que nos é oferecida em Cristo já nos redimiu dos pecados do passado e cobre *o próximo erro que você cometerá.*

> *Com a chegada de Jesus, o Messias, o dilema fatal foi resolvido. Os que estão em Cristo* NÃO PRECISAM MAIS VIVER NUMA NUVEM ESCURA DEPRESSIVA. *Um novo poder está atuando. O Espírito da vida em Cristo, como um vento forte, limpou totalmente o ar, libertando vocês de uma tirania brutal nas mãos do pecado e da morte* (Rm 8.1,2, *A mensagem*, ênfase da autora).

Que descrição poderosa da culpa! Ela fica no ar e nos cobre como uma nuvem escura quando cometemos erros. E nós precisamos encarar o fato de que como mães vamos cometer mais erros. Peyton Manning falou sobre algo parecido com isso quando disse: "A minha fé não me torna perfeito; ela apenas me torna perdoado".[1]

Da mesma forma, ser uma mulher cristã não a torna uma mãe perfeita. Significa que você é perdoada. Andar no perdão que você tem em Cristo ainda significa que você precisa identificar qualquer pecado real relacionado às suas ações ou palavras.

- Você gritou com os seus filhos?
- Você não fez o que prometeu para eles?
- Você agiu de forma egoísta?

Se esse é o caso, um dos passos mais poderosos para se libertar da culpa é confessar o seu pecado a Jesus (o que é uma maneira evangélica de dizer: "Eu concordo com o Senhor que cometi um erro"). Talvez também seja necessário dizer para os seus filhos: "Sinto muito. Mamãe pisou na bola". Quando faz isso, você dá espaço para a graça soprar, e o *Espírito de Cristo limpa totalmente o ar.* Jesus a levantará na sua humildade e honestidade, e a culpa não a sobrecarregará mais.

Tenha em mente que nem tudo que faz você se sentir culpada como mãe é necessariamente pecado. Se você olhar outra vez para a lista no início deste capítulo, verá que muitas das respostas que as mães deram são simplesmente escolhas pelas quais elas se sentem culpadas. Lysa TerKeurst diz em seu livro *Emoções sob controle,* que é um *best-seller:* "Os sentimentos são indicadores, e não ditadores".[2] O que as suas emoções estão indicando sobre as suas convicções? As emoções nem sempre são confiáveis e podem apontar para as mentiras que mencionamos anteriormente.

---

[1] MANNING, Archie & Peyton com John Underwood. *Manning: A father, his sons, and a football legacy.* New York: Harper Collins Publishers, 2010, p. 363.

[2] TERKEURST, Lysa. *Emoções sob controle: a arte de manter a cabeça no lugar até nos dias mais difíceis.* Rio de Janeiro: Thomas Nelson Brasil, e-book, 2014.

Você também pode se libertar dessa culpa emocional e reivindicar a sua liberdade, que é o próximo passo no processo.

REIVINDICANDO A SUA LIBERDADE

Agora que já identificamos as mentiras nas quais acreditamos e nos libertamos da culpa de mãe, está na hora de reivindicar a nossa liberdade renovando a nossa mente com a verdade. O único jeito de sermos bem-sucedidas como mães é saber o que Deus diz a nosso respeito e vivenciar essa identidade todo dia. Eu não quero sufocá-la com muitas palavras nesta seção, porque quero que você consiga se lembrar disso rapidamente. Além do mais, sei que é provável que você esteja lendo este livro enquanto está fazendo o jantar, parada na fila de carros ou esperando que o treino de futebol do seu filho acabe. Nós aproveitamos o tempo para renovar a nossa mente sempre que podemos como mães. Outra coisa, um pouco da verdade pode lhe trazer uma liberdade imensa. Aqui estão cinco verdades recheadas de graça que você pode usar para reivindicar a sua liberdade como filha de Deus:

- **Sou profundamente amada:** *Como o Pai me amou, assim também eu vos amei; permanecei no meu amor* (Jo 15.9).
- **Sei que Cristo vive em mim:** *Portanto, não sou mais eu quem vive, mas é Cristo quem vive em mim. E essa vida que vivo agora no corpo, vivo pela fé no Filho de Deus, que me amou e se entregou por mim* (Gl 2.20).
- **Sou habilitada com tudo que preciso para a vida e a piedade:** *Seu divino poder nos tem dado tudo que diz respeito à vida e à piedade, pelo pleno conhecimento daquele que nos chamou por sua própria glória e virtude* (2Pe 1.3).
- **Creio que Deus é por mim:** *Se Deus é por nós, quem será contra nós?* (Rm 8.31).
- **Sou vitoriosa:** *Mas, graças a Deus, que em Cristo sempre nos conduz em triunfo e por meio de nós manifesta em todo lugar o aroma do seu conhecimento* (2Co 2.14).

Uma forma em que essas cinco verdades poderiam ajudar você seria simplesmente se concentrando em uma por dia, de segunda a sexta. Não seria maravilhoso lembrar na segunda-feira que você é profundamente amada e na sexta-feira que você é vitoriosa? Essas verdades sopram a graça, você não acha? Feche os olhos e ouça estas palavras como se quem as falasse fosse aquele que João diz que é *pleno de graça e de verdade* (Jo 1.14). Porque elas são.

Ah, amiga, eu sei que essa não é uma tarefa fácil. Viver livre não acontece por acaso. É necessário ser intencional para arrancar as mentiras pela raiz, se libertar da culpa e reivindicar a nossa liberdade como filhas em Cristo. Mas o esforço necessário para viver livre é menor do que o jugo da culpa. Às vezes, como no meu caso, você tem de reaprender essas lições mais de uma vez. A boa notícia é que estou fazendo progresso e seguindo na direção da liberdade com mais rapidez ultimamente. A minha oração é que você e eu possamos andar nessa liberdade juntas. Lembre-se: a culpa não tem espaço no lugar da graça. Eu vou relembrá-la de tempos em tempos, e serei abençoada se você fizer o mesmo por mim.

CAPÍTULO **seis**

Quando as PALAVRAS AMÁVEIS não vêm à boca

Brooke

O meu filho mais novo tem uma risada incrível.

Todo mundo que a ouve abre um grande sorriso e nos fala a mesma coisa: "Ele é incrível!" — e eu aceno com a minha cabeça concordando, porque ele é mesmo. O único problema é que a risada dele me deixa, como eu poderia dizer... louca.

Como pessoa introvertida, a parte mais difícil de criar dois meninos "daqueles" (que são 250 por cento meninos) é o "barulho de menino" constante, especialmente em lugares pequenos. Estou convencida de que, se morássemos numa área no campo com mais de 4 hectares, o barulho deles não seria um problema. Eu poderia simplesmente colocá-los porta afora depois da aula e deixar que eles fossem meninos. Infelizmente, vivemos em menos de 250 m^2 na periferia da nossa cidade. Nós temos uma árvore quase escalável e vizinhos que *pensam* como nós, apesar dos altos decibéis vindos da nossa casa — mas não temos espaço para os nossos meninos correrem e serem barulhentos como eles gostariam.

Eu anseio (como eu *anseio*) por esse tipo de vida para os meus meninos. Quero que eles corram, caiam, arranhem os joelhos, construam coisas do zero e aprendam a "ser durões". E, apesar dos nossos alojamentos fechados, me esforço quanto possível para alimentar o fogo da criatividade de menino que eles têm.

Mas...

Os meus garotinhos travessos também são violinistas. Toda semana nós levamos duas horas para ir e duas horas para voltar da aula de violino com o melhor professor que podemos pagar, vai se levantar, sacudir a poeira e jogar a rede mais uma vez. Resumindo, amigas, nós não vamos sair dessa sem ter trabalho.

O LABOR DE MÃE

A maternidade é um trabalho físico árduo, que faz suar, trabalho manual do tipo mais intenso, porque exige mais do que só do corpo. Acaba sendo um trabalho árduo para o coração também. E quando o trabalho não traz resultados? Quando todo o estica e puxa, a persuasão, os esforços, os apelos e as orações parecem não mudar as coisas com a rapidez que gostaríamos, podemos acabar ficando vazias, exaustas, esgotadas. Em momentos como esses, é fácil explodir, lançando as nossas frustrações naqueles que mais amamos. E quando não conseguimos parar o fluxo tóxico que vem do nosso coração e sai pela boca, você pode nos ver jogando a toalha — querendo desistir da luta.

Isso me faz lembrar a história de Pedro e os discípulos em Lucas 5.1-9.

Um pescador, Pedro, tinha trabalhado duro à noite toda tentando pegar peixes e não conseguiu pegar nem um sequer. Naqueles dias, eu imagino que uma rede vazia significava um estômago vazio, uma mesa vazia, bocas vazias e talvez, para Pedro, um coração vazio. Quase consigo ouvir o seu pensamento: "Todo esse trabalho para nada! Que desperdício de esforço e de tempo. Eu deveria desistir". Você já se sentiu assim, mamãe? Inútil? Desvalorizada? Um fracasso? Eu também.

Jesus, precisando de um lugar seguro de onde pudesse ensinar ao povo, pegou Pedro voltando da noite longa, árdua e deprimente de trabalho sem resultados, e lhe pediu um simples favor. As multidões, desesperadas por uma palavra depois de quatrocentos anos de silêncio da voz de Deus na terra, estavam se apertando em volta dele, e o barco do pescador parecia um bom lugar de onde pudesse falar. Do barco, ele ensinou o povo por um tempo; então mandou que o pescador esgotado, Pedro, lançasse a rede mais uma vez em águas profundas.

Você consegue imaginar a reação de Pedro? *Espere, o que ele acabou de dizer? Eu dei o meu barco para ele e agora isso? Ele deve estar brincando.* Você consegue ver a imagem dele, com as mãos na cabeça, os olhos cansados pela falta de sono e o coração esgotado pelo peso do fracasso, respondendo ao homem Jesus?

Senhor, nós ficamos aqui a noite toda. Nós demos o maior duro tentando sustentar as nossas famílias, tentando cuidar deles e dar o nosso melhor para eles. Nós demos tudo a noite inteira e não foi o suficiente. Estamos cansados e não queremos tentar de novo. Nem uma vez. Mas como o Senhor parece ter algo de especial, vamos atender. Só essa vez, e não nos peça para fazer isso de novo, por favor.

Você já sabe o que aconteceu, não é mesmo? A decisão de Pedro de aumentar a chama da esperança pela última vez quase afundou o seu barco de tão bem-sucedido. Ele logo soube que estava na presença da grandeza e, ao tomar conhecimento disso, se arrependeu, deixou as suas redes e seguiu a Jesus. Eu extraio muita força da história de Pedro, porque não passa uma semana sem que eu não considere a ideia de desistir, por alguns segundos que seja.

Só nesta semana eu me sentei e me permiti lembrar como era antes de termos filhos. "Liberdade" e "silêncio" foram as palavras que vieram à minha mente. Eu nunca tinha fracassado tanto em nada de fato antes de me tornar mãe e nunca pensei que amar tanto alguém poderia me fazer sentir tão mal. Com certeza existem profissões que conseguem mais elogios e pagam salários significativamente mais altos. Como mães, ficamos presas a uma tarefa em longo prazo que costuma nos fazer sentir fracassadas, especialmente quando não conseguimos fazer que a nossa boca se comporte. Mas estou começando a entender que existe um jeito de encontrar esperança no caos.

Eu acho que a nossa vitória, como a de Pedro, começa com mais uma jogada de rede e uma nova definição de sucesso.

No meu livro *How to control your emotions so they don't control you: a mom's guide to overcoming* [Como lidar com as suas emoções para que elas não a controlem: um guia para a superação das mães], exploro um modelo bíblico para fazer que o que vem do nosso coração e, portanto, da nossa boca, se submeta à palavra de Deus. Eu escrevi especialmente para as mães, mas, desde que ele foi lançado em 2013, tenho ouvido histórias de mães que estão usando o livro até para treinar os seus filhos a superarem as suas emoções.

Afinal de contas, são as nossas emoções que nos fazem soltar a língua. O texto de Lucas 6.45 diz assim: *O homem bom tira o bem do bom tesouro do seu coração; e o homem mau tira o mal do seu mau tesouro; pois a boca fala do que o coração tem em grande quantidade.*

O que está no seu coração vem para fora. Brava porque os seus filhos não obedecem? Isso virá para fora. Frustrada com a falta de dinheiro? Isso virá para fora. Uma fera porque o seu marido não ajuda em casa? Adivinhe: isso virá para fora. Então o segredo para mudar o que vem para fora é mudar o que já está no nosso coração e, amiga, isso tem de começar pela admissão do nosso pecado.

Não podemos superar o que não confessamos. Ficar brava não é necessariamente um pecado, mas permitir que a nossa ira nos controle, que as nossas emoções nos guiem e que os nossos sentimentos modifiquem as nossas ações e a forma de tratar aqueles a quem amamos *o* é. Talvez você não *sinta* vontade de pedir que Deus mude a forma de você se sentir — eu entendo, porque já passei por isso. Como mulheres, fomos treinadas para acreditar que temos direito aos nossos próprios sentimentos, e estamos dispostas a lutar para mantê-los. Mas a verdade é que, se os nossos sentimentos estão em conflito com a palavra de Deus, eles precisam mudar. Antes de alcançarmos algum progresso significativo nessa área, temos de estar dispostas a admitir que estamos erradas e submeter as nossas emoções e os nossos sentimentos à autoridade da palavra de Deus.

Fato: É pecado ser controlada pelas emoções. A passagem da palavra de Deus que diz isso é 1Coríntios 6.12: *Todas as coisas me são permitidas, mas eu não me deixarei dominar por nenhuma delas.* É certo que as nossas emoções — como nos sentimos sobre cada situação com que nos deparamos — são legítimas ou admissíveis, até boas. As emoções servem como um barômetro, nos ajudando a acessar o nosso ambiente e até nos dando um vislumbre do que está acontecendo no nosso próprio coração, mas elas não devem receber o lugar de domínio sobre nós. Como cristãos, o único mestre da nossa mente deve ser Cristo. Qualquer outra coisa que permitirmos nos controlar, ditar ou governar é um ídolo e deve ser desentronizado o mais rápido possível.

Se você deixa as suas emoções dirigirem a sua vida, fazendo que trate de forma pecaminosa aqueles a quem você ama, tire um tempo agora para falar para Deus que você sente muito por pecar contra ele, peça perdão e decida mudar. Escolha a esperança. A próxima seção nos mostrará como.

SENTIR, SABER, FAZER

No meio de todos aqueles Salmos magníficos, há um em particular de Davi que estabelece o tom de todo o nosso estudo. Não sabemos exatamente o que estava acontecendo na vida de Davi quando ele escreveu o Salmo 13, mas é seguro presumir que ele sentia que a morte se aproximava e era muito real. Talvez as suas emoções o tenham forçado a fugir enquanto ele estava correndo para se salvar de Saul. Ou quem sabe ele tenha escrito esse Salmo quando teve de se exilar por causa de seu filho Absalão. Pode ter sido algum outro perigo que o tenha feito se sentir esquecido e sozinho. Ou talvez as circunstâncias dessa passagem não tenham tanta importância quanto o que ela nos fala sobre o coração de Davi. Se olharmos com toda a atenção, o Salmo 13 nos dá o único princípio para superar as nossas emoções, que pode ser ricamente usado na nossa própria vida. A seguir, divido a passagem em três partes para facilitar a visualização.

> [1,2] *Até quando, SENHOR? Tu te esquecerás de mim para sempre? Até quando esconderás o rosto de mim? Até quando relutarei dia após dia, com tristeza em meu coração? Até quando o meu inimigo se exaltará sobre mim?*
> [3,4] *Atenta para mim, ó SENHOR, meu Deus, e responde-me. Ilumina meus olhos para que eu não durma o sono da morte, para que meu inimigo não diga: Prevaleci contra ele, e meus adversários não se alegrem com a minha derrota.*
> [5,6] *Mas eu confio na tua misericórdia; meu coração se alegra na tua salvação. Cantarei ao SENHOR, porque ele me tem feito muito bem.*

Agora vamos pegar os versículos por parte e ver se conseguimos desdobrar um pouco mais o significado deles.

Os versículos 1e 2 parecem descrever como Davi se sentia durante qualquer que fosse o evento que ele estava passando. Para o leitor comum, parece que ele se sentia abandonado, completamente sozinho e vulnerável ao ataque. E por que não? Se esse Salmo foi realmente escrito enquanto Davi fugia de Saul ou de Absalão, faz todo sentido ele sentir esses tipos de emoção. Onde Deus estava em meio ao seu sofrimento? Ele não via que Davi estava sofrendo? Ele não se importava? Eu quase consigo ver os sentimentos dele disparando até o ponto de ruptura, assim como os meus fazem, conforme Davi contava para o Senhor todos os seus infortúnios. Mas então acontece uma virada...

Os versículos 3 e 4 fazem um desvio da lamentação e do desespero para a frustração, mas não uma frustração sem propósito. Quando Davi disse: *Ó SENHOR, meu Deus* [...]. *Ilumina meus olhos* (v. 3), parece que ele estava convidando o Senhor a ajudá-lo a entender as suas emoções. Davi pode ter se sentido vulnerável, mas estava pedindo para Deus agir nessas circunstâncias de forma que trouxesse glória para o seu nome e, ao fazê-lo, começasse o processo de o lembrar do que ele sabia que era verdade — Deus tinha um plano, Davi era o rei por direito, Deus já tinha dado respostas para Davi no passado e o faria novamente, Deus prometeu proteger Davi de Saul e assim por diante.

Então finalmente, nos versículos 5 e 6, vemos uma mudança completa do tom. Nós começamos com um Davi que se sentia abandonado por Deus, transformado em um Davi que convidou Deus para entrar nas suas circunstâncias e agora temos um Davi que se lembrava de tudo que Deus já tinha feito por ele no passado e confiava que ele faria o mesmo no futuro. Ele agiu de acordo com o que sabia que era a verdade, apesar de como se sentia. O que ele fez foi afetado pelo que ele sabia.

Esse é um pequeno Salmo cheio de poder, mas demonstra com beleza um modelo de como controlarmos as nossas emoções que eu gosto de chamar de "sentir, saber, fazer".

Davi se permitiu sentir a dor de qualquer que fosse a situação em que ele se encontrava, mas não se permitiu ficar ali. Ele sabia que o único jeito de verdadeiramente bendizer o Senhor era honrá-lo de todo o coração e reagir bem a qualquer coisa que a vida lhe trouxesse. Aqui está o modelo com um pouco mais de detalhes:

Sentir: O que vemos com os nossos olhos (as nossas experiências e circunstâncias) afeta as nossas emoções e nos faz sentir de uma certa forma. Os nossos sentimentos podem estar certos ou errados, mas de qualquer jeito, como cristãs, somos chamadas a submetê-los à autoridade da palavra de Deus.

Saber: A nossa mente lembra o que sabemos que é verdadeiro (a verdade da palavra de Deus, quem nós somos em Cristo, tudo o que está disponível a nós porque pertencemos a ele, as muitas promessas de Deus etc.) quando convidamos Deus para entrar nas nossas circunstâncias com o coração aberto.

Fazer: Nós agimos de acordo com a verdade, e não com o que podemos ver ou sentir. O que fazemos é afetado pelo que sabemos.

Conforme Davi se lembrava da alegria da sua salvação, o seu coração passava dos sentimentos de desespero pelo que ele podia ver acontecendo na sua vida para os sentimentos de esperança e alegria pelo que ele sabia que Deus poderia fazer; e Davi agiu baseado nesse conhecimento.

É assim que eu quero viver a minha vida.[1]

AMOR OFERECIDO INCONDICIONALMENTE

Apesar desse modelo fabuloso que Deus nos dá na sua palavra para mudarmos, nem sempre acerto. Eu me saio mal e, com mais frequência do que deveria, acho que estou fazendo tudo errado. Mas eu decidi lutar. Estou dando tudo o que eu tenho nessa batalha pelo coração (e pela mente) deles e confiando que Deus cuidará do resto.

Essas coisas pelas quais estamos lutando não acontecem da noite para o dia. Ah, como eu gostaria que fosse assim! Ah, como eu gostaria de poder estalar os dedos ou balançar o nariz, e fazer o coração de pedra dos meus filhos se transformar em coração de carne (Ez 36.26)! Eu gostaria de poder falar uma palavra mágica e estar livre do meu pecado de uma vez por todas. Mas não vejo esse princípio na Bíblia.

Nós somos vencedoras? Sim. Apocalipse 12.10,11 diz que sim. Nós somos purificadas do pecado, perdoadas pelas nossas palavras não muito amáveis se colocamos a nossa fé em Jesus? Completamente! Salmo 103.12 diz que Deus removeu os nossos pecados para tão longe quanto o leste está do oeste. Essa é uma notícia fabulosa! No final, nós venceremos! Mas nesse meio-tempo *continuamos-nos* superando, dia a dia, pouco a pouco. Com o tempo, os pequenos triunfos se tornam tesouros formidáveis.

Eu costumava me sentir um fracasso total quando falhava no uso de palavras amáveis *de novo*, porque com certeza, se eu me saio mal, sou uma mãe má, e com certeza o meu filho vai falar dessa *mãe daquele tempo*... na terapia, certo?

Errado.

---

[1] Trecho de McGlothlin, Brooke. *How to control your emotions so they don't control you*, e-book, 2013.

Com o tempo, os **pequenos triunfos** se tornam **tesouros formidáveis**.

Permitir que o Espírito Santo trabalhe no nosso coração para nos mudar a fim de sermos mais parecidas com Cristo leva tempo. É certo que existem pessoas que têm a vida radicalmente transformada quando cruzam com Jesus, mas a grande maioria experimenta o sucesso em pequenas doses. Se nós nos saímos mal, amanhã teremos novas misericórdias. Enquanto existir um desejo de amar a Jesus mais do que amamos o nosso pecado, podemos ter esperança de sermos transformadas. *Essa* é a minha nova definição de sucesso.

Amiga, eu não posso prometer que seguir estes passos de "sentir, saber e fazer" vai mudar radicalmente a sua vida. Eu sei por experiência que eles podem, mas eles só funcionam se você continuamente confessar o seu pecado e usá-los com intenção e determinação. Não posso prometer que o seu próximo ato de obediência vai produzir o fruto que você tanto almeja no coração dos seus filhos. Você só pode permitir que Deus mude o *seu* coração, e não o dos seus filhos. Não posso prometer que seguir a Cristo, ainda que só mais uma vez, trará uma mudança imediata ou um sucesso avassalador. Não posso prometer nem sequer que encontrar as palavras amáveis para hoje significa que você as terá amanhã.

Mas eu posso prometer que manter acesa aquela faísca de esperança, apenas o suficiente para impulsionar os seus pés a mais um passo de fé, isso importa para Deus. Ele a vê e sabe o que será necessário para buscar o seu coração. Ele o buscará sem reservas, simplesmente porque ele a ama muito. Mas da mesma forma que ele ama você, da mesma forma que ele vai mover céus e terra para alcançar o seu coração e torná-lo dele, ele também ama os seus filhos. Quando eles partem o seu coração, partem o coração dele. Quando eles fogem de você, fogem dele. Quando eles rejeitam o seu amor, rejeitam o amor dele. Quando eles se recusam a andar em obediência a você, recusam-se a andar em obediência a ele. Ele sofre com você.

Mas os planos dele para você — e para os seus filhos — são bons.

Na tranquilidade dos santos momentos logo antes de dormir, ao me deitar ao lado do meu filho mais velho e ver o homem que ele está se tornando, decido falar de amor para ele. Eu falo para ele que a mamãe ama a cabeça e os olhos dele, as orelhas e o nariz dele, o peito e a nuca dele, a barriga e os braços dele, as mãos e os dedos dele, as pernas e os joelhos dele, os pés e os dedos do pé dele. Eu amo cada pedacinho de quem ele é e amo o homem de Deus forte, poderoso e guerreiro incrível que ele está se tornando. Eu amo o coração bom e a natureza protetora que ele tem. Eu amo o desejo que ele tem de aprender e amo que Deus lhe tenha dado o dom da música, tudo para a glória do Senhor.

É um momento de pura inspiração divina — quando Deus permite que dois corações, da mamãe e do seu filhote (que não é mais tão pequeno assim), se alinhem e falem a linguagem do coração. Ele brilha diante do peso desse amor, então para, pensa e diz:

"Eu não tenho sido incrível..."

Ele olha para baixo conforme a culpa e a tristeza divina pela qual eu tenho implorado a Deus chegam e visitam o seu coraçãozinho.

Porque é que o amor oferecido incondicionalmente, derramado sobre alguém, sem reservas, contribui mais para mudar o coração do que pedidos e súplicas? Eu acho que é por causa do Filho de Deus. O mesmo Filho que foi esmagado e espancado, que olhou para dentro dos olhos e do coração daqueles que ele viera salvar e os amou, levando-os ao arrependimento.

É a sua graça que nos leva ao arrependimento (Rm 2.4). Não a sua ira, o seu julgamento, nem o seu castigo pelo pecado. A bondade.

Ele nos deu Jesus. Jesus, o nosso tabernáculo. Jesus, a nossa segurança. Jesus, a quem recorremos para encontrar a força para tentar mais uma vez.

Amiga, vamos fazer um pacto hoje? Vamos nos unir, ligadas por Cristo e pelo amor que temos pelos nossos filhos, e nos comprometer com o Senhor que nunca, jamais, desistiremos da luta? Vamos nos comprometer com o Senhor que nunca abriremos mão do poder dele para transformar o nosso coração e o dos nossos filhos?

Fale comigo...

"Eu acredito que os planos de Deus para mim são bons. Por isso, eu me comprometo hoje a nunca desistir da minha família e jamais abrir mão do poder de Deus para transformar o nosso coração. Com a ajuda dele, darei o próximo passo de fé mesmo quando não tiver vontade, porque ele é o Deus de milagres."

> Eu nunca vou desistir da minha família e jamais vou abrir mão do poder de Deus para **transformar o nosso coração**.

Eu acredito que Deus vai nos atender e encher as nossas redes conforme confiarmos nele o bastante para lançar as nossas redes mais uma vez. Você convidaria Jesus para entrar no seu caos neste momento? Ele já está aí por perto, esperando que você o chame. Vamos orar?

Senhor, eu te entrego essa vida caótica. Essas crianças bagunceiras, as minhas tentativas atrapalhadas de ser o que elas precisam, a nossa reação confusa e pecaminosa à vida — eu te entrego tudo. Atende-me nesses momentos, ajuda-me a lembrar que tu és o que os meus filhos realmente precisam e que eu tenho acesso a ti em oração — tanto por mim quanto pelos meus filhos — para me dares a força de que preciso para prosseguir. Obrigada por me ouvires quando oro. Em nome de Jesus. Amém.

CAPÍTULO **sete**

Quando você tem vontade de CORRER E SE ESCONDER

Stacey

Ser mãe é uma maratona, mas às vezes eu não tenho vontade de correr para vencer. Tenho vontade de fugir e me esconder. Por quê? Porque esta mãe exausta está cansada. Eu estou cansada até os ossos. É o tipo de cansaço quando dói tudo e eu não consigo lembrar o meu sobrenome. Eu cansei de ficar cansada. Você também se sente assim? Você consegue ao menos lembrar-se de um dia no ano passado em que não sentiu cansaço? "Senhor, dá-me um dia gostoso no *spa* e eu serei uma nova mãe", eu já falei baixinho. Mas isso é realmente o bastante?

Recentemente passei uma tarde num *spa* chamado *Bonjour*. Era aniversário da minha amiga, e o marido dela nos presenteou com um dia cheio de mimos. Eu nunca fiquei tão relaxada em toda a minha vida. Depois do nosso tempo no *spa*, almoçamos num restaurante de gente grande com conversa animada de gente grande de verdade. Não tive de parar de comer para cortar a comida de ninguém ou levar um pequeno ser ao banheiro. Eu estava começando a montar frases completas e a pensar de forma clara pela primeira vez em semanas. Até que...

Peguei as minhas três meninas mais velhas no programa de enriquecimento curricular de sexta-feira. Enquanto eu estava no *spa*, elas estavam armazenando um pântano de desânimo sobre o dia delas. Assim que a porta do carro abriu, elas despejaram simultaneamente querendo que eu ouvisse. Quando chegamos em casa, a bebê acrescentou a sua insatisfação com a mamãe por também abandoná-la o dia inteiro. Dentro de alguns minutos, todo mundo queria saber o que eu faria para o jantar. Mais tarde, para aumentar a injúria do dano, olhei para baixo e percebi que as minhas mãos recém-cuidadas estavam sujas e o meu esmalte da cor *Platina atrevida* tinha lascado. A sensação de felicidade e relaxamento esvaiu-se, e eu fiquei pensando como por misericórdia conseguiria tê-la de volta...

DEFININDO EXAUSTÃO

Eu sempre me perguntava por que tinha essa urgência de fugir e me esconder quando me sentia particularmente exausta. Nos dias em que a chance de colocar os meus pés de molho no *spa Bonjour* não me é proporcionada, invento escapadas elaboradas na minha cabeça. As minhas escapadas normalmente envolvem uma visita a uma loja onde eu possa fazer compras e tomar um café gigante delicioso ao mesmo tempo. O que, por falar nisso, é genial. Às vezes eu elaboro um plano para visitar uma livraria com cafeteria para comer o meu *cupcake* de baunilha favorito e ler uma pilha de revistas. A questão é que eu anseio estar em outro lugar, em qualquer lugar fora daqui, pela sobrecarga que vem de todas as carências das pessoas que vivem na minha casa. É como se eu fosse puxada para um lado e para o outro ao mesmo tempo.

Recentemente, tive um momento *eureca* enquanto lia a Bíblia. Você sabe do que estou falando. Aquele tipo de momento que acontece quando a sua vida cruza de forma muito dramática com a verdade, que você sente que tem uma luz brilhando do céu para você. No meu momento *eureca,* descobri o significado hebraico para a palavra "esgotamento".

Primeiro de tudo, descobri que existem pelo menos catorze palavras hebraicas para "esgotamento". Você encontrará nessa lista treze adjetivos descrevendo como é o esgotamento e um verbo falando o que o esgotamento faz. Isso é uma grande indicação de que a nossa única palavra em português provavelmente não se encaixa em todas as situações de desgaste da vida real. O verbo usado aqui descreve perfeitamente esta mãe exausta.

Uph: voar, sobrevoar, escapar.[1]

A pessoa esgotada quer correr, porque parece ser a coisa certa. Não só parece ser a coisa certa, como também está no âmago do que significa estar exausta. Acontece que eu não sou a única mãe que já se sentiu esgotada e teve vontade de fugir. Outras mães experimentaram o mesmo desejo. Eu sei disso, porque esbarro com elas enquanto estou esperando o meu *latte* de baunilha sem açúcar. Eu leio as atualizações dos seus *status* do Facebook. Vejo nos seus olhos na igreja quando elas estão deixando os seus filhos na escola dominical. Adivinha só! Acho que posso ter encontrado a primeira mãe exausta correndo nas páginas do Gênesis. Vamos conhecê-la e ver para quem ela acabou correndo.

A PRIMEIRA MÃE QUE CORREU

Ela era uma mãe no meio de uma situação sombria e desesperadora. Seu nome era Agar e ela era serva de Sara, esposa de Abraão. Sara não gostava muito de Agar, porque ela estava esperando o primeiro filho de Abraão. Essa é uma longa história, bem parecida com uma novela mexicana. Em resumo, Sara tratava Agar asperamente. Agar se cansou do abuso e então correu até não conseguir mais colocar um pé depois do outro, desabando num amontoado de dor, lágrimas e anonimato. Sozinha no deserto, ela deve ter se perguntado qual seria o seu fim.

Mas Deus a tinha exatamente onde ele queria que ela estivesse. Esgotada e exausta, ela estava num lugar onde poderia ouvi-lo falar.

Com gentileza, ele falou o nome dela.

O *que, você me conhece?*

Com firmeza, ele a lembrou da sua humilde posição.

Você sabe como é a minha vida?

---

[1] Studylight, s.v. *Esgotamento*, acessado em 20 de janeiro de 2013. Studylight. org. <http//www. studylight.org/lex/heb/hwview.cgi?n=5774>.

Sem rodeios, ele lhe disse o que devia fazer.

Não tem outro jeito?

Mas Deus não a mandou de volta esgotada e exausta. Ele tinha feito uma promessa que ela poderia reivindicar como sendo dela.

- Uma promessa de vida.
- Uma promessa de um futuro.
- Uma promessa de misericórdia.

> *E o nome do Senhor, que com ela falava, ela chamou El-Roi; pois disse: Não vi eu neste lugar aquele que me vê?* (Gn 16.13).

Aqui, onde ela nunca esperaria, ele a encontrou. Ele buscou o seu coração não porque ela merecia, mas porque ele é assim — nas palavras dela — *El-Roi*, o Deus que tudo vê, *que me vê*.

ESCONDENDO-SE À VISTA

Agar chamou Deus de *El-Roi* porque ele a viu. Ele a viu ainda que ela estivesse se esforçando para NÃO ser vista. Eu sei que, nos dias em que tenho vontade de correr e me esconder, o que realmente preciso é que alguém me veja. Preciso que alguém veja a minha dor, veja a minha luta e me diga que vai ficar tudo bem.

El-Roi tem uma palavra para mim e para você em dias como esse. Ele a plantou bem no meio de um livro do Antigo Testamento e é, por sinal, também um dos meus versículos prediletos: *Porque os olhos do Senhor passam por toda a terra, para que ele se mostre forte para com aqueles cujo coração é íntegro para com ele* (2Cr 16.9). Veja, Deus sabe alguma coisa sobre esconder e procurar. Ele conhece todos os seus melhores esconderijos. Ele vê você, porque está procurando-a atentamente. Ele faz uma varredura no planeta todo com um propósito em mente: ele tem um grande anseio de sustentá-la. A moça que, no final das contas, de qualquer forma é completamente dele.

Você já brincou de "cadê o nenê?" com um bebê? Ele morre de rir de satisfação quando você finge que não sabe onde ele está e "o encontra". Ele não tem a menor ideia de que está se escondendo de sua visão e que você está de olho nele o tempo todo. Ele pensa, em toda a sua esperteza de bebê, que a enganou. Mas nós sabemos a verdade. Bebê bobinho, você não consegue se esconder da mamãe.

Quando tentamos correr e nos esconder do nosso Pai celestial, é a mesma coisa. Nós podemos pensar em toda a nossa esperteza de meninas crescidas que estamos nos escondendo dele. Mas *El-Roi* é o Deus que tudo vê. Nós não vamos conseguir encontrar uma lanchonete longe da vista dele ou um *shopping* que ele não conheça. Nós realmente não conseguimos ficar invisíveis aos seus olhos que tudo veem.

O MELHOR LUGAR PARA ONDE CORRER E SE ESCONDER

> Rocha eterna, meu Jesus, quero em ti me refugiar!
>
> — Augustus Montague Toplady

Se existiu um dia em que a desesperança ganhou, foi quando colocaram o corpo de Jesus numa tumba e rolaram a pedra para fechá-la. A maior parte dos seus seguidores se escondeu naquele dia. Quem poderia culpá-los? É provável que eu estivesse bem no meio da turma dos onze no cenáculo naquele dia.

Mas Maria Madalena não se escondeu. Em vez disso, ela foi aonde sabia que poderia encontrar Jesus. O capítulo 16 de Marcos nos diz que ela e outras mulheres foram ungir o corpo de Jesus para que ele tivesse um enterro apropriado, mas eu acho que ela também foi por motivos diferentes. Acredito que ela foi derramar não apenas óleo, mas também o seu coração desesperado. Quebrantada e sincera, ela começou a chorar diante do túmulo vazio (Jo 20). Que cena! Isso se parece muito conosco. Nós caímos diante dele e pensamos que ele não pode ser encontrado em lugar algum, quando na verdade ele está prestes a agir de uma forma que nunca poderíamos imaginar.

Jesus falou o nome dela. Ela sabia que era ele. Ele a encontrou em meio ao sofrimento, e ela nunca mais foi a mesma. Naquele dia, Maria se tornou a primeira a se agarrar à graça. Ela não queria deixá-lo ir embora. Ela viu com os próprios olhos que correr para Jesus sempre produz um milagre.

Ela viu com os próprios olhos que correr para Jesus sempre **produz um milagre**.

Quando nos agarramos a Jesus, ele também faz um milagre na nossa vida. Precisamos chegar ao ponto em que, junto com Maria, acreditamos que nos escondermos em qualquer lugar longe de Jesus nunca vai resultar em vitória na nossa vida. Como mães, quando corremos e nos escondemos do chamado que ele nos deu, na verdade estamos correndo e nos escondendo da nossa fonte de força — Jesus. Ele disse: *Vinde a mim, todos os que estais cansados e sobrecarregados, e eu vos aliviarei* (Mt 11.28).

Não queremos de fato um *frappé* sabor *mocha* quando estamos exaustas. O que realmente queremos é descanso para a nossa alma exausta. Mamãe, nós temos que adquirir o hábito de correr para ele, e não dele. E, honestamente, estou falando isso para esta mamãe aqui, em primeiro lugar.

NÓS CORREMOS PARA UM TRONO DE GRAÇA

Como é correr para Jesus nos nossos dias mais sombrios? Eu adoraria lhe deixar uma sugestão visual forte para os dias em que você simplesmente tem de correr para algum lugar.

No filme *Conquista de reis*, Hollywood conta a história de Ester, uma órfã hebreia que acabou como rainha da Pérsia. Ester é um dos dois únicos livros da Bíblia que têm o nome de uma mulher. Menina, ela é o tipo de mulher a quem podemos recorrer quando aprendemos sobre correr para Deus, e não de Deus.

Esse filme não é nem um pouco fiel ao texto bíblico, mas é uma narrativa muito bem feita. A minha parte favorita é perto do fim, quando Ester entra na presença do rei sem permissão a fim de salvar o seu povo, os hebreus. Se o rei não estender o seu cetro para ela, ela será morta imediatamente por entrar em sua presença sem ser convidada. Por outro lado, se não arriscar a sua vida dessa forma, ela e o seu povo morrerão como resultado de uma lei que ele assinou por ter sido enganado.

> *Ela corre para salvar a sua própria vida e a daqueles a quem ama. Correndo, passou pelo pátio externo da corte debaixo da chuva e, então, abre a grande porta decorada com toda a sua força. Espalhados pelo salão da corte estão alguns poucos nobres escolhidos. Ela não os vê. Seu olhar é triste, e seu coração pousa sobre aquele que está sentado no trono. Sua presença ali é surpreendente para a maioria. Quem disse que ela poderia se aproximar com tamanha determinação? O rei sabe que ela está ali? Confiadamente, ela abre caminho e mantém o seu curso. Este é o seu destino. De qualquer forma, ela vai morrer — a menos que ele demonstre misericórdia. Mas será que ele vai fazê-lo? Quando os olhos dela encontram os dele, os do seu rei, ela encontrará graça daquele que se assenta no trono?*

É assim que devemos nos aproximar de Jesus, o nosso rei. Nós corremos para ele. O nosso coração pousa sobre ele. Aproximamo-nos com confiança surpreendente. Reivindicamos a sua promessa para o nosso coração exausto e sobrecarregado. E, conforme os nossos olhos encontram os dele, encontramos essa graça que de fato se assenta sobre o trono.

> *Portanto, aproximemo-nos com confiança do trono da graça, para que recebamos misericórdia e encontremos graça, a fim de sermos socorridos no momento oportuno* (Hb 4.16).

Sabe o que eu acho? Acho que os olhos de Ester estavam realmente fitos no trono da graça — muito além do trono do seu marido, o rei da Pérsia. Acho que ela estava correndo para o seu Deus Salvador, que ela sabia que resgataria o seu povo. Ela estava reivindicando as suas incontáveis promessas. Estava contando com a graça.

Quando foi a última vez que você correu para o trono da graça com confiança destemida naquele que está ali assentado? Você precisa pegar a graça pela mão e não soltá-la? Quando foi a última vez que você levou Hebreus 4.16 a sério?

FALANDO DE FORMA PRÁTICA

O meu dia é gasto no empenho ativo de atender às necessidades da minha família e amá-la da forma correta. Tem sujeira. Tem estresse. Tem muita coisa para fazer. E quase todo dia é inacreditavelmente desgastante. As recompensas e as bênçãos não são sempre aparentes. Então eu fico fraca. Preciso de uma pausa de tempos em tempos e ela é bem-vinda.

De que formas práticas a mãe exausta pode se renovar e recarregar o seu espírito diariamente? Acho que é crucial tirarmos folgas e encontrarmos tempo para nós mesmas, nem que seja em plena terça-feira. Aqui estão algumas coisas que faço e você também pode tentar fazer:

1. **Levantar quinze minutos antes.** Sei o que você está pensando. "Eu sou uma mãe exausta e você quer que eu tenha menos tempo de sono?" Sim, eu quero. Mas nós estamos falando só de quinze minutos e, na verdade, quando você pensa nisso, não é tanto tempo assim. O que eu sugiro que você faça com esses quinze minutos? Pegue uma xícara de café, a sua Bíblia, um diário e então comece o seu dia com o Senhor. Leia um ou dois versículos, escreva uma oração e deixe Deus ajudar a preparar o seu coração para o dia. Comecei a fazer isso quando a minha filha mais velha tinha 2 anos. Eu nem lhe conto quanto as manhãs passam mais tranquilas para essa mãe que não é muito chegada às manhãs. Pelo

menos, tente. Acho até que você vai acabar acrescentando mais alguns minutos à sua hora silenciosa matinal — você vai adorar a esse ponto!

2. **Saia de dentro de casa.** Leve os seus filhos para o parque. Desafie-os numa brincadeira no balanço. Eu comprei uma caixa de giz gigante barato (que pode ser usado para desenhar no chão) para as minhas meninas e, nos dias muito difíceis, saímos e elas fazem lindos desenhos na entrada de casa. Caminhe sozinha pelo bairro se o seu marido ou uma amiga puder olhar as crianças. Estar fora de casa pode mudar a sua perspectiva num instante.
3. **Coloque música para tocar.** Acho que nos dias realmente duros, se eu colocar para tocar o meu álbum favorito de músicas de adoração enquanto cozinho, limpo ou dirijo, ganho ânimo, e as minhas filhas podem me ouvir cantar, em vez de gritar. Esse é um negócio bem melhor para elas.
4. **Prepare uma xícara de chá.** Essa é razoavelmente nova para mim, mas devo admitir que, mesmo sendo extremamente comprometida com a minha xícara de café, usar a chaleira e mergulhar um saquinho de chá sossega a minha alma.
5. **Ria todos os dias.** Ria de você mesma. Ria com os seus filhos. Traga a alegria de volta para a sua casa de algum jeito.
6. **Memorize versículos.** Essa é provavelmente uma das formas mais rápidas de refrescar a minha mente. Recentemente, baixei um aplicativo incrível no meu celular chamado *Scripture typer* [Digitador das Escrituras] que faz um questionário sobre cada versículo que você coloca na sua lista para memorizar. Isso vira um jogo que você quer vencer, e o tempo todo você está escondendo a palavra de Deus no seu coração. Ganho duplo.
7. **Reserve um tempo para você.** Quando as minhas crianças eram menores, elas tinham um tempo para brincar no quarto todos os dias. Eu colocava um portão de segurança para

bebês na porta e espalhava os livros e os brinquedos delas para brincarem sozinhas por uns vinte minutos. Agora que elas estão maiores, tenho um tempo reservado para mim diariamente no meu quarto. Durante esse tempo, posso executar alguma tarefa de casa, fazer exercícios, tirar um cochilo para recuperar as energias, ou escrever. Mas por pelo menos vinte minutos eu desapareço sozinha. Isso é absolutamente vital para esta mãe exausta aqui.

8. **Leia um bom livro.** Neste último mês de maio eu estava completamente exausta de cada pensamento, emoção e palavra que eu tinha na minha cabeça. Concluí que o que eu precisava era de um bom livro. Como eu nunca tinha lido *Orgulho e preconceito*, de Jane Austen, logo baixei da internet, de graça, para ler no meu leitor Kindle. Acabei de ler em mais ou menos quatro dias. Em algum ponto da leitura dessa história clássica, descobri que eu era de fato humana e poderia ser mãe de pequenos seres humanos novamente. Existem excelentes livros. Faça uso deles.
9. **Tome um banho.** Esse é o meu momento preferido do dia. Não me preocupo que seja chique, mas é certo que você pode acender uma vela, colocar uma música para tocar e tomar o seu chá enquanto fica de molho (se tiver uma banheira). Apenas se certifique de que as crianças estejam na cama ou que tenham supervisão de alguém. Pode acreditar, quando você toma um banho de banheira, pode até cair no sono.
10. **Invista em algo que você ama fazer.** Você gosta de tirar fotos, cozinhar, correr, pintar ou dançar? Seja o que for, dedique tempo todos os dias para fazer alguma coisa que leve o seu coração a ganhar vida. Não se esqueça de quem Deus a criou para ser. Para mim, essas coisas incluem escrever, *blogar* e cantar. Tento achar tempo na minha agenda maluca para desenvolver essas minhas paixões, assim como criar as crianças que eu amo. O que você ama fazer?

ENQUANTO ISSO, DE VOLTA AO *SPA*

Por mais maravilhoso e necessário que seja o meu dia no *spa*, sei que não posso viver lá. A minha realidade como mãe é bem diferente. Os benefícios dessas folgas vão só até um ponto. Qual é a resposta para uma mãe que é sugada diariamente? Como até a mulher de fé mais determinada não fica balançada por se sentir sobrecarregada? Eu tenho plena certeza de que encontrei a resposta aqui:

> *Não sabes? Não ouviste que o eterno Deus, o* SENHOR, *o criador dos confins da terra, não se cansa nem se fatiga? O seu entendimento é insondável* (Is 40.28).

Jesus sabia o que era uma vida sugada. Jesus sabia o que era ficar sujo, ocupado e cansado. Ele tinha doze homens fazendo uma pressão muito forte sobre ele todo o bendito dia para amá-los do jeito certo. Ele também conhecia a pressão da doença, do sofrimento e das multidões. Quando ficava cansado, ele sabia aonde ir. Ele sabia que o seu pai não ficaria exausto. A Bíblia nos diz que *ele* [Jesus] *se retirava para lugares desertos, e ali orava* (Lc 5.16). Ele orava. Retirava-se para lugares desertos. Falava com o Pai dele. Frequentemente. E, ao fazê-lo, ele também nos deixou um exemplo do que temos de fazer quando nos encontramos cercadas pela nossa vida desgastante de mãe. A promessa que ele fez em Isaías continua:

> *Ele dá força ao cansado e fortalece o que não tem vigor. Os jovens se cansarão e se fatigarão, e os moços cairão, mas os que esperam no* SENHOR *renovarão suas forças; subirão com asas como águias; correrão e não se cansarão; andarão e não se fatigarão* (Is 40.29-31).

Você está fraca? Você precisa de força para se levantar e fazer o jantar? Você está cansada? A mãe que coloca a sua confiança no Senhor tem a promessa de nova força e esperança de subir como águias no seu coração. O esmalte *Platina atrevida* não pode fazer isso. A única esperança que nós temos é uma vida de dependência completa do nosso Pai. Ele nos vê com olhos que enxergam tudo, nos entende completamente e quer vir ao nosso encontro no meio do nosso caos e nos resgatar da desesperança. Ele mandou Jesus para nos mostrar o caminho para casa com esperança.

CAPÍTULO **oito**

Quando a VIDA MACHUCA além da conta

Brooke

Há uma caixa no meu quarto. Uma caixa-fichário azul, transparente, gravada num metal prateado barato. Ela ficou fechada por mais de seis meses.

Quando eu comprei a caixa, o meu coração estava repleto de sonhos. Transbordando de esperança para o futuro e de fé num Deus de milagres, escrevi os nomes dos meus amados em fichas pautadas e arrumei ali para ficarem bem guardados. Eram as minhas orações secretas.

A caixa simbolizava uma época de renovação da minha fé na palavra de Deus, no amor de Deus e no poder da oração. Desafiada a acreditar num Deus que poderia e atenderia a todas as minhas necessidades de acordo com a suas riquezas em Cristo Jesus, selecionei a dedo orações exclusivas para cada uma das pessoas que eu mais amo neste mundo.

Por um mês, orei fielmente para Deus ajudar os meus meninos a amarem a leitura. Com toda a alegria, eu suplicava que ele nos providenciasse um carro (depois que destruí o nosso). De todo o coração, eu acreditava no seu poder para trazer cura para os meus amados e suprir todas as suas necessidades. Eu solicitava que ele soprasse vida, saúde e paz no coração do bebezinho que eu carregava perto do meu coração — o bebê cuja presença me enchia de entusiasmo, temor, esperança e medo — tudo ao mesmo tempo.

No início de setembro de 2011, nós fomos ao consultório do obstetra para uma consulta de rotina de sete semanas de gestação. Estava me sentindo muito pior nessa gravidez do que nas outras duas anteriores. Eu estava exausta e enjoada enquanto esperávamos que o médico nos visse e que eu me lembrasse de falar para o meu médico que o enjoo matinal parecia pior dessa vez. Ele brincou e disse que provavelmente era porque eu tinha outros filhos pequenos para cuidar. Era provável que ele estivesse certo.

Seguimos para a sala de ultrassonografia, preparados para conhecer pela primeira vez o nosso mais novo adendo. No entanto, ficou evidente para mim logo nos primeiros momentos que havia alguma coisa errada. Depois de girar a sonda e apertar o botão várias vezes, a ultrassonografista, uma amiga nossa, virou para mim com lágrimas nos olhos e disparou a notícia: Este bebê não está vivo.

No dia 20 de setembro de 2011, o nosso terceiro filho deixou o meu útero e foi para a eternidade com Deus, e eu fechei a tampa da minha caixa de oração.

FECHANDO A TAMPA

No dia em que perdemos o nosso bebê, fechei a tampa dos meus sonhos e tranquei as minhas orações secretas por ele dentro de uma reles caixa-fichário azul. As minhas amigas mais chegadas e o meu marido magnífico cuidaram bem de mim, e Deus continuou suprindo as minhas necessidades, até atendendo ao desejo do meu coração de abortar espontaneamente. Havia sinais constantes do seu amor e do seu cuidado conosco durante aquela época de perda, mas uma parte do meu coração se fechou com a caixa naquele dia. Eu calei o meu sonho de ter três meninos, abracei tudo de bom que Deus já me havia concedido e fechei a tampa.

Para os que estavam à minha volta, eu aparentava estar lidando bem com o sofrimento. Mas a minha vida de profunda oração levou um baque, e um cinismo penetrante tomou conta do meu coração, substituindo a minha fé no Deus que podia mover montanhas. Eu estava abalada e não tinha mais certeza se Deus viria quando eu chamasse.

Imagino que Maria deve ter se sentido um pouco assim quando Jesus finalmente veio até ela depois da morte de Lázaro.

A primeira vez que ouvimos falar de Maria é na famosa (ou infame) história de Marta e Maria em Lucas 10.38-42:

> *Prosseguindo viagem, Jesus entrou num povoado; e uma mulher chamada Marta recebeu-o em casa. Sua irmã, chamada Maria, sentando-se aos pés do Senhor, ouvia a sua palavra. Marta, porém, estava atarefada com muito serviço; e, aproximando-se, disse: Senhor, não te importas que minha irmã me tenha deixado sozinha com o serviço? Dize-lhe que me ajude. E o Senhor lhe respondeu: Marta, Marta, estás ansiosa e preocupada com muitas coisas; mas uma só é necessária; e Maria escolheu a boa parte, e esta não lhe será tirada.*

Maria foi quem se sentou aos pés de Jesus enquanto ele ensinava. Ela queria ficar perto dele, ouvi-lo, amá-lo e aprender dele. Ela era a pessoa relacional e Marta, a executora, mas ainda assim tudo aquilo mudou quando o seu irmão, Lázaro, morreu. Eu já li muitas vezes a história de Marta, Maria e Lázaro. Se você passou já um tempo na igreja, é provável que também já tenha lido. Mas há um pedaço pequeno da história que de alguma forma eu deixei passar todos esses anos. Pequeno, mas poderoso quando estamos aprendendo a confiar de novo.

A família da Maria tinha mandado um recado para Jesus quatro dias antes, de que o irmão dela estava doente e precisava da atenção do Salvador, mas ele não veio logo. Quando Jesus chegou, o corpo de Lázaro já tinha começado a apodrecer e, aos olhos de Maria, toda a esperança de vida para ele tinha acabado. Maria, que um dia tinha abraçado Jesus com tanto entusiasmo, se sentia abandonada pelo homem em que ela acreditou que poderia fazer qualquer coisa. Aqui está o pequeno versículo que me escapou por tanto tempo...

> *Ao saber que Jesus estava chegando, Marta foi ao seu encontro; Maria, porém, ficou sentada em casa* (Jo 11.20).

Talvez seja porque a executora em Marta não permitisse que ela negligenciasse algo que precisava ser feito. Ou, talvez, porque os executores não desenvolvem relacionamentos da mesma forma que as pessoas relacionais, a ausência de Jesus no seu momento de necessidade não a tenha ferido tanto. Seja qual for a razão, Marta foi até Jesus quando ele chegou, mesmo que Lázaro já estivesse morto. Mas Maria, aquela que Jesus um dia elogiou por se sentar aos seus pés, que se distraiu do serviço para participar dos ensinos do mestre, que abriu o seu coração para Jesus tão profundamente, agora ficou sentada indiferente à sua presença.

Por quê?

Acredito que foi porque ela não confiava mais, de coração, em Jesus. Matthew Henry afirma que Maria "estava tão tomada pela dor que não pretendia se mexer, concluindo ser melhor satisfazer o seu sofrimento e ficar sentada ponderando sobre a sua aflição e dizendo: 'Faço bem em ficar de luto'".[1]

FAÇO BEM EM FICAR DE LUTO

Maria tinha desanimado e, embora as Escrituras não nos deem uma visão interna do que ela sentia exatamente, é fácil deduzir que ela se sentia abandonada, sozinha e irritada com o seu Jesus. Eu senti cada uma dessas emoções no velório do bebê que perdi. Talvez você tenha sentido essas emoções associadas a um tipo diferente de perda na sua vida. Eu ainda acreditava que Deus era bom, mas obstruí o lugar da minha convicção radical do desejo de ele ser bom *comigo*. Eu deixei de sonhar. Deixei de ter esperança. E simplesmente fiquei sentada, me deleitando em toda a bondade que ele já me havia concedido, recusando-me a sonhar que ele pudesse dar

---

[1] Henry, Matthew. *Matthew Henry commentary on the whole Bible* (*Complete*), *John 11*, <http//www.biblestudytools.com/commentaries/matthew-henry-complete/john/11.html>.

novamente. Para alguém que é uma sonhadora nata, isso é grande coisa.

A minha fé radical tinha se transformado em luto.

Dentro de um período de seis anos, a minha família perdeu dois dos tios mais queridos, um avô, uma avó, a tia muito querida e um filho. O meu marido fez parte da equipe de emergência do tiroteio na Universidade Estadual da Virgínia. Ele trabalhou dentro do Norris Hall [prédio onde tinha acontecido o massacre] antes de ser limpo, imaginando qual sala guardava a memória do nosso amigo morto ali naquele dia. Seis pessoas em seis anos me fizeram caminhar um pouco mais hesitante, me perguntando o que eu poderia perder em seguida.

Eu abraçava mais devagar, beijava mais intensamente, acalentava com mais liberdade. Mas todo esse sofrimento me fizera mudar. O meu coração estava esperando constantemente pela próxima rasteira da vida.

A perda muda tudo.

Talvez a tampa da minha caixa de oração estivesse se fechando devagar todo aquele tempo e o aborto a tenha trancado. Depois de viver uma vida bastante rotineira, perder seis pessoas em seis anos praticamente me consumiu. Acrescente a isso as disciplinas da vida diária, as aulas de *homeschool* para dois meninos travessos também nascidos naquele período de perdas e o estresse de lidar com a rotina de trabalho por turnos do marido, e você terá uma imagem feia, mas clara, de tudo o que estava escondido sob a superfície do meu coração, só esperando por alguma coisa para me tirar do eixo.

Esse era um lugar difícil de ficar, mas necessário para mim, porque perder tanto num intervalo de tempo tão curto me forçou a fazer as perguntas difíceis sobre a vida. Eu olhava intensamente para a cruz e me perguntava: "Se Deus nunca mais responder a outra oração minha, se ele nunca mais atender a outra necessidade, o dom de Jesus e da minha salvação dados por ele seriam o bastante?" Eu não tinha certeza.

ÉPOCAS DE SOFRIMENTO

Algum tempo depois do meu aborto, num domingo, eu estava sentada na igreja cercada de bebês. Alguns eram recém-nascidos, outros ainda por nascer, mas nenhum deles era meu. Fechei os olhos para desviar a minha atenção e percebi que a minha mão descansava gentilmente sobre a minha barriga.

Consciente ou inconscientemente, as mulheres do mundo todo descansam a mão sobre a barriga como que para conversar, confortar ou acalmar a vida que carregam dentro delas. Eu também fiz isso naquele dia, ainda que a vida dentro de mim tivesse ido embora havia dois meses. Como se colocar a mão na barriga pudesse de alguma forma me conectar com a vida que eu tinha perdido, eu a mantive ali e falei baixinho: "Que saudade!"

Se alguém me tivesse dado um bebê para segurar, eu teria perdido o controle. Ninguém fez isso. Em vez disso, eu estava sentada no banco da igreja cercada de amigas, mas ainda assim completamente sozinha, imaginando se elas tinham alguma ideia do efeito que a alegria delas exercia sobre a minha dor. Na verdade, a dor me pegou de surpresa. Eu não estava preparada para sentir a perda do meu pequenino tão intensamente naquele dia. A vida tinha continuado. O sofrimento tinha a tendência de me encontrar em lugares inesperados, e eu fazia o meu melhor para mergulhar nele, senti-lo e continuar caminhando em frente.

Mas sejamos honestas. Em momentos como esses, tudo o que queremos realmente é dar meia-volta e nos afastar.

Quando a vida machuca além da conta, procuramos desesperadamente uma saída, achando um caminho para bem longe da essência da dor. A dor, por definição, machuca, nos deixa desconfortáveis e muda a nossa perspectiva, e eu descobri que a dor, a decepção e a dificuldade têm a tendência de me fazer questionar o Deus que me fez.

"O Senhor não está me vendo? O Senhor não me ama?"

Por quê? Por que escolheríamos seguir um Deus que permite a nossa dor? Por que dar o nosso coração para um Deus que nem sempre responde às nossas orações desesperadas do jeito que achamos melhor? Por que servir a um Deus que permite que os nossos filhos morram, que o nosso cônjuge fique doente, que a nossa casa pegue fogo e que o nosso reino caia?

POR QUE SERVIMOS A DEUS?

As multidões seguiram Jesus de perto enquanto ele curava os seus doentes, fazia os aleijados andarem e trazia de volta à vida os seus mortos. Ele tinha enchido a barriga deles de pão, atendido às suas necessidades, feito a alma deles voar ao cumprir o seu chamado de Isaías 61 de restaurar os abatidos e libertar os cativos. Mas o tom da conversa mudou em João 6, quando Jesus começou a revelar a razão real pela qual ele veio e questionar por que eles o estavam seguindo.

> *Em verdade, em verdade vos digo que me buscais, não porque vistes sinais, mas porque comestes do pão e ficastes satisfeitos* (Jo 6.26).

Por que você o busca? Por que eu o busco? Com essas palavras, Jesus começa a estabelecer um limite. "Por que você me ama?", ele diz. "Por que você está me seguindo? É por causa do que eu posso fazer por você, como eu posso atender às suas necessidades, ou fornecer o que você quer? Ou você me ama realmente por quem **EU SOU?**"

> *Por causa disso, muitos de seus discípulos voltaram atrás e deixaram de segui-lo. Então Jesus perguntou aos Doze: Vós também quereis retirar-vos?* (Jo 6.66,67).

Quando a vida machuca além da conta, muitos deixam de seguir Jesus e não andam mais com ele. Eu senti o impulso para me afastar. Questionei a bondade de Deus, senti um aperto glacial nas bordas do meu coração e comecei a me perguntar se ele realmente se importava com os filhos dele e, particularmente comigo.

Se eu me afastar de Jesus, **para onde irei?**

Mas a pergunta que sempre me faz parar é: Se eu me afastar de Jesus, para onde irei?

Jesus, que morreu por mim enquanto eu estava envolvida pelo pecado. Jesus, que deu a sua vida como resgate pela minha. Jesus, que pagou a pena que eu merecia pagar. As suas costas rasgadas deveriam ser as minhas. O seu rosto ferido e espancado deveria ser o meu. O seu sangue derramado deveria ser o meu. Eu deveria ter sido chamada de traidora, tido a minha integridade questionada. Eu deveria ter sido ridicularizada publicamente pelo meu pecado, pela minha ofensa de ser Deus ter sido testada diante de um júri comum. Eu deveria morrer com o peso do meu pecado sobre os meus ombros e a mão da ira de Deus sobre a minha cabeça.

Ele levou tudo.

> *Simão Pedro respondeu-lhe: Senhor, para quem iremos? Tu tens as palavras de vida eterna. E nós cremos e sabemos que tu és o Santo de Deus* (Jo 6.68,69).

Chega um momento na vida de todos nós como cristãos que devemos escolher nos afastar de Jesus ou segui-lo independentemente do que acontecer, porque sabemos que ele tem as palavras de vida eterna. Ele é o Santo de Deus, e essa é a única coisa que importa.

Por que nós o seguimos? É porque ele pode agir a nosso favor, cuidar de todas as nossas necessidades, curar as nossas feridas, ressuscitar os nossos mortos? Ele é esse Deus. Ele nos *vê*. Mas, se nós só o seguimos por causa do que ele faz, chegará o momento em que nós sentiremos que ele não faz. Então devemos escolher se vamos nos afastar dele ou segui-lo nos tempos difíceis por causa de **quem ele é** — o Deus que se inclina para ouvir (Sl 116.2).

A ESPERANÇA É UMA ESCOLHA

Durante a minha época de sofrimento, eu costumava sentir que Deus não estava presente — como se ele não me visse, não ouvisse as minhas orações, não se importasse. Mas, se olharmos de perto, a Bíblia diz que todos esses sentimentos que eu tinha estavam errados. Saber que os meus sentimentos estão errados não nega a existência deles — eu sentia que estava muito sozinha, que ele não me ouvia e até que ele não me amava tanto assim. A Bíblia me conta de forma clara uma história diferente.

Deus me ama, me ouve, me vê e, sim, está lutando por mim, mesmo que eu não consiga ver. Eu acredito que é verdade porque a palavra de Deus diz que é. E foi essa verdade simples que me impediu de ficar num lugar de desalento perpétuo.

Esgotamento, depressão, dor, desespero — tudo isso é sentimento. Embora não sejam inválidos de forma alguma, os sentimentos podem mentir para nós, nos fazendo ver o mundo ao nosso redor através de uma névoa tão densa que temos de abrir caminho para encontrar a saída. Como é melhor escolher a esperança que Deus oferece na sua Ppalavra!

Pode ser algo parecido com isto:

Não! A palavra de Deus diz que eu não estou sozinha. Ele é o meu socorro sempre presente na tribulação e nunca vai me deixar. Eu sei que ele está comigo porque é da própria natureza dele ser o "Deus conosco", e ele nunca vai contra quem ele é. Ele me ouve, me vê, me ama e cuida de mim... mesmo que eu não sinta que isso é verdade.

A esperança vem de uma tentativa consciente, intencional e focada de crer que o que Deus diz é verdade, independentemente do que vemos ao nosso redor. É uma coisa pela qual nós temos de lutar — nos agarrar desesperadamente à verdade da palavra de Deus quando a névoa das nossas emoções atrapalha a nossa visão. Mas quando s fazemos o esforço, quando finalmente dizemos "Eu escolho a esperança!", abrimos espaço no nosso coração para o melhor tipo de cura...

A CURA

Devagar, mas com segurança, o meu coração voltou para Jesus. Assim como o de Maria.

> *Dito isso, ela* [Marta] *se retirou e, chamando sua irmã Maria em particular, disse-lhe: O mestre está aqui e te chama. Ouvindo isso, Maria levantou-se depressa e foi ao encontro dele* [...]. *Ao chegar ao lugar onde Jesus estava e vê-lo, Maria lançou-se aos seus pés e disse: Senhor, se estivesses aqui, meu irmão não teria morrido* (Jo 11.28,29,32).

Jesus chamou Maria pelo nome. Quão profundo o fato de o mestre saber que ela não estava ali. Aquela que tinha se sentado aos seus pés com ternura, prestando atenção a cada uma de suas palavras, não veio; então ele mandou chamá-la. E, de alguma forma, Maria reuniu força suficiente para colocar a sua esperança em Jesus mais uma vez. Pode ser que só tenha sido necessário ouvir que o nome dela importava para ele para fazê-la se levantar e correr. E, apesar de suas primeiras palavras parecerem acusá-lo de negligência, não podemos deixar passar o fato de que, no final das contas, ela correu até ele. Mesmo envolvida pela sua dor, quando percebeu que ele a estava chamando pelo nome, ela foi correndo.

Eu também.

Eu comecei com aquela caixa azul no piso do meu quarto sabendo o que tinha de fazer e, pela primeira vez em mais de seis meses, eu sabia que conseguiria fazer. Ali, em cima da pilha das minhas orações secretas, estava um cartão que dizia simplesmente: *Bebê McGlothlin*. Eu literalmente senti como se o meu coração suspirasse de alívio ao pegá-lo e virá-lo várias vezes com as minhas mãos trêmulas, sabendo que Jesus tinha me chamado pelo nome.

Num dia bonito e fresco, eu e a minha família fomos até um lago perto de casa. Com aquela água magnífica à nossa volta e o sol nos fazendo querer pular para dentro, pegamos os pedaços do nosso sonho e os soltamos ao vento. Eu observava o vento levar os pedacinhos de papel para dentro da água e finalmente me senti em paz com o Senhor.

RESTAURAÇÃO

Vivemos num mundo em que a velocidade é tudo e esperar é inconcebível. Queremos o que queremos, e queremos para ontem. Com a cura não é diferente. O mundo não se detém para guardarmos o luto. Ainda existem contas para pagar, roupas para lavar, lição de casa para terminar, refeições para preparar, filhos para educar. Temos de continuar vivendo.

Mas a cura não pode ser forçada. Ela simplesmente leva tempo. E, como tudo na vida, a cura verdadeira vem conforme Deus nos orienta na direção dela, retirando camada após camada da ferida e soprando vida nova sobre os nossos ferimentos.

Mais tarde no livro de João, conforme Jesus se aproxima lentamente cada vez mais do seu destino na cruz, nós o encontramos mais uma vez tirando uma folga na casa de Marta e Maria.

> *Seis dias antes da Páscoa, Jesus foi para Betânia, onde estava Lázaro, a quem resssuscitara dos mortos. Ofereceram-lhe ali um jantar. Marta servia, e Lázaro era um dos que estavam à mesa com ele. Então Maria, tomando um frasco de bálsamo de nardo puro, de alto preço, ungiu os pés de Jesus e os enxugou com os cabelos. E a casa se encheu com o perfume do bálsamo* (Jo 12.1-3).

Antes retendo o seu coração para oferecer o melhor que tinha para Jesus, Maria agora se humilha e expressa o seu amor e a sua gratidão para com ele que podia ressuscitar os mortos. Agora, segura do amor dele por ela, ela demonstra a Jesus quanto o ama e seca os seus pés com o próprio cabelo.

Como ele era precioso para ela, esse homem que tinha restaurado a sua família, restaurou também o seu coração. Antes fechado para Jesus por causa do que ela interpretou como negligência, abandono e dor, o seu coração agora estava completamente aberto para ele como seu Rei. Gosto de pensar que, enquanto Maria derramava o seu bálsamo caro sobre os pés lindos de Jesus, ela também derramava todas as dores e frustrações que carregava no seu coração, confiando-as ao seu Salvador mais uma vez. Ela abriu a tampa do seu coração e voltou a andar pela fé.

Amiga, existem áreas do seu coração que você fechou para o Senhor? Áreas que são simplesmente dolorosas demais, frustrantes demais, devastadoras demais para serem reabertas? Você parou de ter esperança? Parou de orar? Parou de sonhar com o que poderia ter sido porque a tampa está fechada e bem trancada no seu coração?

Acho que Jesus pode estar chamando o seu nome, querida amiga. Acho que ele pode estar convidando você para dar o primeiro passo de volta para ele e lhe dando as boas-vindas para derramar as suas dores e frustrações para que ele possa lhe mostrar quem ele é de verdade.

ABRIR A TAMPA?

Pesquisei sobre mulheres que sofreram aborto na gravidez para descobrir que formas práticas, palpáveis e significativas elas utilizaram para abrir a tampa do seu sofrimento e celebrar, chorar a morte e se despedir dos filhos que perderam. Se você ainda se encontra tomada pela sua perda, não importando se aconteceu recentemente ou muitos anos atrás, tenho esperança de que você encontrará paz e um desfecho nessas sugestões do coração delas para o seu.

Jessica

Nós demos um nome para cada um dos bebês que perdemos e, pelo menos entre mim, o meu marido e alguns amigos chegados, nos referimos a eles por nome, e não somente como o primeiro ou o segundo abortos. Tenho um colar que costumo usar com as iniciais de todos os meus filhos.

Outra coisa, eu me permito sentir triste quando estou triste com isso e não sinto que preciso me esconder ou passar por cima disso. Eles ainda são meus filhos, e eu ainda posso sentir saudade deles. Poder falar abertamente com outras pessoas também ajuda. Além disso, descobri que fico mais confortável e acessível para falar com outras mães que perderam bebês do que inicialmente pensei que ficaria. De certa forma, fico desejosa por isso, porque é dor compartilhada, fardo compartilhado, e você não tem de explicar os milhões de emoções diferentes e às vezes contraditórias que sente.

Amber

Nós o chamamos de Samuel, e eu uso a pedra preciosa referente ao mês do nascimento dele junto com as dos irmãos num colar.

Joanne

Na minha primeira gestação, sofri um aborto com dez semanas. Nós tínhamos acabado de anunciar a gravidez para todo mundo. Mandamos um *e-mail* para compartilhar a nossa triste notícia. Também escrevemos um *e-mail* para a nossa corrente de oração da igreja. Alguns dias depois, recebemos uma carta linda de uma mulher da nossa igreja compartilhando a sua experiência com o aborto. Ela me ajudou demais com o meu sofrimento. Agora, tenho três meninos lindos. Quando ouço falar de alguém que teve um aborto ou uma perda, sempre mando uma cartinha dizendo que estou orando por ela.

Kim

Descobri que a música de adoração é um balsamo para a minha alma sofrida. Isso me ajudou a ganhar uma perspectiva maior/mais ampla de Deus e do seu amor abundante por mim.

Rebecca

Eu usava um anel com pegadinhas impressas nele. Dentro do anel dizia: "Foi quando eu te carreguei", que é uma citação do poema

Pegadas na areia. Eu sentia que a expressão tinha sentido duplo para mim. Também tenho uma caixinha de lembranças com as fotos do ultrassom e uma roupinha de saída da maternidade.

Heather

Nós adotamos uma criança por meio de patrocínio em memória de cada um dos três pequenos que eu perdi na gravidez.

Amy

Lembro-me que buscar a Deus com sinceridade em oração depois daquela perda e também poder falar com várias amigas próximas que só ouviam enquanto eu derramava o meu coração me ajudaram muito.

Alexandrea

A princípio, dispensei a ideia de um grupo de apoio, mas só falar sobre o assunto e perceber que está bem sentir mil emoções diferentes conflitantes... foi mais útil do que eu posso falar.

Lindsey

Escreva a respeito. Solte balões de festa em homenagem a eles.

Shelley

Compartilhar a minha experiência com alguém que também sofreu um aborto na minha família. Eu mandei um *e-mail*, porque depois do meu aborto eu não queria conversar com ninguém. Foi por isso que estendi a minha mão através de um *e-mail*. Compartilhei todos os sentimentos por mim e pelo meu marido. O nosso filho faria 2 anos no mês que vem. Você nunca esquece.

Peggy

Manter um diário dos pensamentos/emoções que eu estava experimentando. Eu me sentia livre para derramar o meu coração — bom, mau ou feio — e estava tudo bem.

Barb

Nós demos um nome para a bebê que perdemos e todo ano colocamos um enfeite de Natal especial na nossa árvore em sua memória.

Valerie

Depois de perder a nossa primeira gravidez, patrocinamos uma menininha por meio de uma instituição chamada Compassion, em sua memória. Nós ainda a patrocinamos; ela vive nas montanhas do Peru.

Melissa

O que ajudou (e ajudou mesmo, apesar de parecer estranho) foi me tornar voluntária na UTI neonatal. Tinha alguma coisa em embalar aqueles bebezinhos que acalmava a minha alma. Havia dias em que eu me sentava lá e lágrimas corriam em silêncio pelo meu rosto, mas quando eu ia embora sentia como se um peso tivesse sido tirado, ainda que só por um instante.

Joy

Nós perdemos os nossos gêmeos quando eu estava com 22 semanas de gravidez há mais ou menos doze anos. Soltamos balões de festa todo ano no dia do aniversário deles, plantamos uma árvore no nosso jardim com uma placa memorial na frente, temos dois enfeites gravados na nossa árvore de Natal, tenho dois pingentes de anjo no meu colar e na minha pulseira Pandora. Também fiz um álbum com todas as fotos da ultrassonografia deles.

Lesley

Para mim, ajudar os outros me ajuda a prestar uma homenagem ao meu filho.

Cathy

O meu filho nasceu morto com 33 semanas. Ele teria 11 anos neste ano. Quando lidar com perda de qualquer tipo, você deve se permitir guardar o luto e não correr para voltar ao "normal". Não permita que os outros lhe digam como você deveria se sentir. Eu celebro a vida dele abraçando o irmão e as irmãs dele um pouco mais apertado.

Lisa

Comprei uma pedra com o formato de um coração lindo. É rosa por causa da menina que eu teria. Ela fica dentro de um jarro no balcão da minha cozinha para eu poder ver o tempo todo. Ela está com outras pedras para ficar decorativo. Eu também acrescentei um coraçãozinho numa tatuagem que tenho. Você tem de saber o que está querendo ver; então ela fica ali só para mim e o meu maridinho.

Sarah

Eu comprei um anel com a pedra do mês do nascimento. Comprei a pedra para o mês previsto para o seu nascimento (em vez do mês da perda).

Kristen

As enfermeiras da nossa cidade iniciaram uma fundação e compraram um lote para enterrar bebês perdidos durante a gravidez, coordenaram com o laboratório de patologia e as casas funerárias — fizeram literalmente tudo. Eu fiquei absolutamente surpresa — isso atendeu a uma necessidade que eu não sabia que tinha e foi realmente importante.

Tracie

Eu coloquei a foto da ultrassonografia numa moldura que diz: "imagem de um anjo". Ver aquilo e ainda ter exposto hoje me ajuda no processo de cura. Basicamente, ser capaz de guardar o luto abertamente e celebrar a vidinha dela, em vez de ser uma coisa que nunca aconteceu (porque ela não nasceu), me ajudou no processo de cura.

Fran

Fazer homenagens simbólicas me ajudou a dar uma imagem para a perda. Além disso, decorar a lápide dela, conversar com outras mães que perderam seus bebês e principalmente retribuir para o hospital em nome dela (doando vales de estacionamento para outros pais com bebês internados na UTI neonatal/caixas de lembranças).

PASSOS PARA ABRIR A TAMPA

1. Conte para Jesus e para uma amiga confiável quanto você está sofrendo. Seja honesta sobre como você está e quanto está lutando. Fale a verdade e permita que Jesus atenda às suas necessidades. Ele está esperando.
2. Convide Jesus para entrar no caos da sua vida. Essa é a especialidade dele, e ele anseia pela oportunidade de, mesmo na pior circunstância, fazer nascer uma coisa bela na sua vida.
3. Fale regularmente com Jesus. Clame a ele por alívio em meio à sua dor. Peça que ele lhe mostre como dar um passo de cada vez e como lidar com as situações difíceis que você enfrenta. Implore por consolo, mas saiba que uma das coisas que ele mais gosta de fazer é usar outras pessoas para consolar os seus filhos. Abra o seu coração para a ideia de que outras pessoas podem ser enviadas por ele para aliviar a sua dor.
4. Permaneça na palavra. Não permita que a dor das suas circunstâncias a afastem da sua fonte de esperança (Rm 15.4), porque é ali que se origina a verdadeira cura.
5. Escolha formas de tornar a sua cura palpável. Pode ser algo parecido com uma das histórias compartilhadas anteriormente. Talvez você concorde com o que a minha família fez

para comemorar a vida do nosso filho e entregá-la para o Senhor. Independentemente do que seja, faça alguma coisa, mesmo que tenha de fazer sozinha. Deus vê a sua dor e confirmará o seu sofrimento, porque a sua dor é a dor dele. Ele a ama tanto, se importa tão profundamente com a dor que você enfrenta nesta vida, que enviou o seu único Filho para abrir o caminho para você chegar até ele para obter perdão e alívio. Venha.

CAPÍTULO **nove**

Quando o mundo PRESSIONA

Brooke

A maior parte das histórias que você ouviu até agora neste livro se encaixa na categoria do estresse diário que todas as mães experimentam de tempos em tempos. Mas há mães que experimentam um estresse que vai muito além do comum. Conforme o planejado para este livro, eu e a Stacey sentimos que era de suma importância achar uma forma de trazer esperança para essa mãe também. Então oramos e perguntamos a Deus se existia alguém a quem pudéssemos pedir para compartilhar o seu testemunho pessoal sobre a graça de Deus num drama que vai muito mais fundo do que qualquer uma de nós já tenha passado.

A história dela, e a minha, começa numa cidade pequena...

Narrows é uma cidadezinha pacata no sudeste do estado da Virgínia. Conhecida por seu amor pelo futebol e pelas pessoas, Narrows tem uma longa extensão do rio chamado New River — o terceiro rio mais antigo do mundo, geologicamente falando, e um dos poucos rios do mundo que flui para o norte, e não para o sul. Há um semáforo regulando o trânsito de Narrows, um restaurante de *fast-food*, um restaurante familiar incrível chamado Anna's, uma escola de ensino primário, uma escola de ensino fundamental e uma escola de ensino médio. O nosso time de futebol americano é o poderoso *Greenwave* [Onda verde] e, por favor, não coloque um "s" de plural. Nós somos um.

Numa cidade pequena, todo mundo se conhece. Às vezes isso é uma coisa boa e às vezes não, mas na maior parte do tempo a sensação de conhecer e ser conhecido lhe ajuda a evitar qualquer sensação ruim a esse respeito. Se você comete um erro em Narrows, a maior parte da comunidade fica sabendo a tempo de discutir o assunto no café da manhã do dia seguinte. Eles terão opiniões sobre o que você fez e dirão coisas como "Coitada da mãe dela!" ou "Que coisa!", mas também serão os primeiros a abraçar você quando sobe no altar para pedir perdão no domingo de manhã.

As igrejas em Narrows são como uma extensão da família. Há uma igreja batista, uma igreja metodista, uma dos Discípulos de Cristo e algumas outras espalhadas pela cidade, mas em geral a comunidade vive a vida junta. Os seus amigos do outro lado do rio não vão acabar numa escola diferente da sua, e com certeza você não vai ter de jogar futebol americano contra eles. O meu pai provavelmente jogou bola com o seu na escola, e a minha mãe recebeu em casa os encontros do intercâmbio da Primeira Igreja Batista com a sua uma vez por ano.

Acima de tudo, essa é uma cidadezinha pacífica e linda. Nada demais acontece em ou com as pessoas de Narrows.

Até que um dia aconteceu.

Foi numa manhã tempestuosa em 16 de abril de 2007. As nevascas tinham chegado ao sudoeste do estado da Virgínia num dia que deveria ter sido tomado pelo calor de primavera. Alunos embrulhados em casacos atravessaram o *Drillfield* [nome dado à área verde ao redor] da Universidade da Virgínia, manobraram os carros no estacionamento, se despediram dos seus amigos e se sentaram nas suas carteiras para estudar como sempre.

Tracey Lane, uma moradora de Narrows há muito tempo, se levantou, preparou o café da manhã e foi para o trabalho numa cidade próxima chamada Pulaski, no estado da Virgínia. Ela ainda se sentia animada por causa do fim de semana maravilhoso que tinha passado com a família. Eles tinham recebido a excelente notícia de que o seu filho, Jarret, havia conseguido uma bolsa de estudos como monitor do departamento de engenharia na Universidade Estadual da Flórida, e essa novidade aliviava consideravelmente o peso dos estudos de Jarret, algo que a preocupava havia algum tempo.

No dia anterior, Jarret respondeu a um chamado para ir à frente na Primeira Igreja Batista e com muito orgulho contou para a congregação como Deus o tinha sustentado, agradecendo a ele publicamente por cuidar tão bem dos seus filhos.

Tracey estava orgulhosa demais do homem em que ele havia se tornado.

Ela relembrou o que eles tinham passado como família — o divórcio dos seus pais, o seu próprio divórcio, a morte do seu irmão mais velho e de dois meio-irmãos — e sentiu como se talvez eles estivessem finalmente acertando o passo. Ela disse um silencioso "Obrigado, Deus" e então foi para o trabalho.

Em algum momento naquela manhã, Tracey ouviu a notícia de um tiroteio na Universidade Estadual da Virgínia, onde Jarret fazia faculdade. Alguns amigos a incentivaram a telefonar e saber se estava tudo bem com Jarret, e ela o fez, mas confiou que ele estava em segurança mesmo quando não conseguiu falar com ele. Ela pensou: "Com certeza ele voltou para o apartamento dele depois do tiroteio e está esperando até tudo acabar, como todo mundo".

Ela deixou uma mensagem para ele e voltou ao trabalho.

Mais tarde, depois de horas sem conseguir falar com ele, Tracey começou a se preocupar. Único homem da família, não era próprio de Jarret deixar a mãe e as duas irmãs sem notícia. Ela o conhecia bem o suficiente para saber que, se ele estivesse a salvo, as avisaria. Visões dele no hospital, ajudando os feridos, ou numa sala em algum lugar com os sobreviventes começaram a encher a sua cabeça, e ela disse para o chefe que iria para casa. Ela orou pela segurança dele durante todo o trajeto.

Depois de suas filhas tentarem localizar Jarret num dos três hospitais da região, sem êxito, Tracey sabia qual a única coisa que ela poderia fazer. Ela pegou a bolsa, abriu a porta da frente de casa e correu direto para o diácono da sua família da Primeira Igreja Batista. Ela olhou para ele e disse: "Eu vou achar o meu filho". A resposta dele? "Eu levo você".

Peguei a minha pequena de dois anos da babá e fiquei plantada na frente da TV depois do trabalho, exatamente como qualquer pessoa do mundo naquele dia. O meu celular tocou de novo, e atendi rapidamente pensando que fosse o meu marido, que tinha passado o dia todo no *campus*, porque fazia parte da equipe de emergência. Não era. Era o irmão dele: "Você tem notícia do seu marido? Você consegue falar com ele? Ele sabe quem está morto? Tracey Lane não consegue falar com Jarret o dia inteiro, e ele teve aula naquele prédio essa manhã. Há alguma coisa que ele possa fazer para descobrir?"

Prometi fazer o meu melhor para entrar em contato com o meu marido e apertei o botão "encerrar" do meu telefone. Mas, antes que eu pudesse discar o número dele, o meu telefone tocou de novo...

"Tracey acabou de saber. Jarret está morto."

Um pouco depois das 7h15 da manhã de 16 de abril de 2007, dois alunos foram mortos a tiros dentro do prédio *West Ambler Johnson Hall*. Aproximadamente duas horas depois, do outro lado do *campus*, Seung-Hui Cho bloqueou as portas do prédio Norris Hall e começou uma onda de assassinatos que tiraria a vida de 32 pessoas e feriria outras 17. Gritos romperam o silêncio. Os alunos começaram a pular pelas janelas, a se esconder nos banheiros, a se enfiar debaixo de mesas e dos corpos dos seus amigos assassinados em busca de abrigo. Uma moça, de tão traumatizada pelo que tinha visto, pulou a janela da sala de aula e saiu em disparada até o outro lado do *campus* antes de entrar em colapso na frente do ginásio de basquete. O caos em massa prosseguiu e terminou com o suicídio do atirador ao ouvir que a polícia estava arrombando as portas.

Jarret Lane, aluno promissor, rapaz vibrante, membro da igreja onde eu cresci e filho precioso de Tracey Lane, perdeu a vida no massacre da Universidade Estadual da Virgínia. A sua morte sacudiu a pacata cidade de Narrows e mergulhou uma comunidade e uma nação inteira no luto.

Ao escrever este livro, já se passaram cinco anos desde a morte de Jarret. Tracey não recebe mais telefonemas ou flores diariamente e desde aquele tempo ela voltou à escola, tem retribuído à sua comunidade e à igreja e tentado ajudar a família e a comunidade a se curarem. Ela é a prova viva de que existe esperança depois de uma perda importante e traumática, e está ansiosa para contar ao mundo sobre a graça de Deus ao passar por esse desastre. O que se segue são quatro formas que Tracey crê que Deus usou para sustentá-la antes e durante a sua caminhada pelo sofrimento. Considere-as como palavras de sabedoria, somente para você.

1. CONSTRUA O SEU ALICERCE AGORA

Ao falar com Tracey para escrever este capítulo, a passagem de Lucas 6.47,48 veio à minha mente:

> *Eu vos mostrarei a quem é semelhante aquele que vem a mim, ouve as minhas palavras e as pratica: É semelhante ao homem que, edificando uma casa, cavou, abriu uma vala profunda e pôs os alicerces sobre a rocha; e, vindo a enchente, a torrente bateu com ímpeto contra aquela casa e não a pôde abalar, pois havia sido bem construída.*

Acho que é importante começar com o fato de que Tracey tinha construído a "sua casa", ou a vida, na rocha antes que a tragédia tirasse dela o seu filho. Uma vida gasta com o serviço na igreja, tempo na palavra, crescimento consistente na sua caminhada com Cristo — essas foram as coisas que fizeram o seu alicerce ser seguro, para que, quando viesse a tormenta, ela fosse capaz de passar por ela sem desabar.

A casa dela foi bem construída.

O que isso quer dizer? Que dizer que, muito tempo antes de Jarret morrer, Tracey entregou a sua vida para Jesus e estava buscando um relacionamento íntimo com ele. Ela já tinha determinado as respostas para muitas das perguntas que a assediariam durante aquele tempo de sofrimento e foi capaz de se agarrar à verdade da palavra de Deus, porque já tinha visto o Senhor dando provas de quem ele é vez após vez durante toda a sua vida.

O meu palpite é que Tracey nunca pensou que os anos gastos buscando um relacionamento profundo com Cristo seriam necessários para prepará-la para perder o seu filho de um jeito tão horrível. Mas, então, não é exatamente esse o ponto? Nenhuma de nós sabe o que a vida nos trará ou quando as tempestades virão. Nós olhamos para os nossos filhos e sonhamos com o que eles se tornarão, mas consideramos a possibilidade de que eles podem não se tornar adultos? Que podem não se tornar quem pensávamos que Deus quer que eles sejam? Não, nem por um momento sequer. É doloroso demais pensar nos nossos filhos morrendo antes de nós. Com toda a razão.

E, embora não seja uma coisa simpática de dizer, muitos dos alunos e professores que morreram naquele dia morreram sem Cristo. Famílias inteiras foram deixadas para sofrer sozinhas, sem a esperança do céu. Nas palavras de Tracey: "Eu não posso nem imaginar não ter Deus me carregando nessa hora".

Qual o ponto? Construa a sua casa na rocha da palavra de Deus, na verdade de quem é o Filho dele e do que ele fez *agora*. Não espere até amanhã para conhecer o Deus que a amou o bastante para enviar o seu único Filho para morrer pelos seus pecados e não se contente em apenas crer no conteúdo básico da fé cristã. Construa. Olhe como:

Primeiro passo: Se você não depositou a sua fé em Jesus como seu Salvador, faça-o agora. Se você precisa de ajuda para saber como fazer isso, veja, por favor, a página 179.

Segundo passo: Encontre um grupo de cristãos em sua localidade (cristãos que se encontram regularmente) e comece a frequentar as reuniões. Eles não serão perfeitos, mas se comprometa a aprender mais sobre o que significa trilhar a fé cristã com eles ao seu lado.

Terceiro passo: Encontre tempo para orar e conhecer a Deus por meio da sua palavra todos os dias. Peça para Deus fazer a

Bíblia ganhar vida para você, falar para a sua situação de vida e fornecer a direção que você precisa para segui-lo.

Quarto passo: Diga "sim" para Deus. Comprometa-se a obedecer à sua palavra e peça que ele lhe dê a força necessária para fazê-lo.

Uma vida construída na verdade
resiste às tempestades.

Esses passos não garantem proteção contra os "absurdos" da vida. Coisas ruins ainda vão acontecer depois que você se torna um cristão. Na verdade, coisas muito ruins podem acontecer com você. Mas você estará preparada por causa de uma informação imutável:

Uma vida construída na verdade resiste às tempestades.

2. ESFORCE-SE PARA NÃO PASSAR A VIDA SOZINHA

A razão pela qual descrevi a cidadezinha de Narrows com tantos detalhes no início deste capítulo é porque foi a natureza de uma cidade pequena que cumpriu um papel enorme na cura de Tracey.

Poucos minutos depois de ouvir sobre o tiroteio e juntando as peças da ideia que o filho de Tracey poderia não voltar para casa, o diácono da igreja de Tracey simplesmente apareceu na porta da casa dela. O meu coração explode de orgulho pela forma com que ele e o povo de Narrows correram e cuidaram de Tracey e da família dela de maneiras reais e palpáveis depois da morte de Jarret.

Todos queriam ajudar. Todos ficaram de luto. De formas simples, como com comida congelada, flores lindas e até abraçando-a quando ela soube da notícia que mudaria a sua vida, as pessoas de Narrows e das cidades vizinhas estenderam a mão para que ela soubesse que não estava sozinha.

Muitos dos alunos mortos naquele dia eram de cidades grandes, nas quais os vizinhos não se conhecem tão bem e os membros da igreja podem até nem saber o nome uns dos outros. Pais e irmãos foram deixados para lidar sozinhos com a sua perda, não reconhecidos por suas comunidades e colegas. E isso simplesmente me parece triste demais.

Eu compreendo que nem todo mundo pode viver numa cidade pequena. Eu e o meu marido saímos de Narrows há mais de dez anos. Nem todo mundo tem a possibilidade de ter uma comunidade inteira à sua volta durante uma tragédia. Mas é possível investir numa pequena porção da sua comunidade, independentemente do tamanho dela.

Você está envolvido em alguma igreja? Frequenta a escola bíblica dominical ou algum pequeno grupo? Você está investindo na vida dos outros, vivendo a sua vida ao lado de outras pessoas, compartilhando a sua jornada? Se não está, comece a dar passos nessa direção hoje. As escalas de trabalho do meu marido fazem que seja muito fácil ficarmos isolados. Levantar no domingo de manhã exige um esforço considerável quando ele trabalha até as 3 horas da madrugada anterior. Não é fácil para ele ficar até tarde nas atividades em grupo ou com os nossos amigos na sexta-feira à noite quando ele tem de levantar às 5 horas em ponto na manhã seguinte. Mas nós fazemos isso.

Por quê?

Porque acreditamos que Deus designou os cristãos para amar, apoiar e viver a vida com outros cristãos.

O âmago da questão é: não importa se você vive numa cidade pequena ou não. Se você decidir não investir nos relacionamentos, eles não estarão lá quando você mais precisar deles. Tome hoje a decisão de abrir a sua vida e o seu coração, e ore para que Deus lhe traga amigos com quem conviver.

3. CONTINUE FALANDO COM DEUS

Na nossa entrevista, perguntei a Tracey se ela já tinha sentido algum tipo de ira contra Deus por causa da morte de Jarret. A resposta dela? "Claro que sim. Mas ele é grande o bastante para aguentar qualquer coisa que eu jogar em seu colo.

"Quando perguntei para Deus por que ele levou o meu filho — tão cheio de vida, com um futuro tão brilhante —, quando eu ficava tentada a ficar brava com Deus ou a me afastar dele, lembrava-me de que todos os dias da nossa vida estão escritos no livro dele. Ninguém tem a promessa do amanhã. Eu acredito que o tempo de Jarret na terra terminou. Ele cumpriu a sua missão, deixou o seu legado, e tenho paz em saber que fui a melhor mãe possível para ele. O atirador na Universidade da Virgínia não tirou a vida do meu filho. O plano de Deus para ele simplesmente se cumpriu."

Deus já sabe o que está no seu coração, minha amiga. Ele sabe se você está brava com ele, sentindo-se distante ou está desconfiada dos motivos e do amor dele. Lembre-se disto: *Cristo morreu por nós quando éramos ainda pecadores* (Rm 5.8). Isso quer dizer que Jesus suportou a vergonha e a brutalidade da morte na cruz de bom grado, sabendo que eu e você iríamos pecar. Na verdade, enquanto ainda estávamos pecando, entranhados apenas em nos importarmos com o nosso próprio ganho egoísta, rindo dele, ele veio atrás de nós com todo o poder do céu. Por quê? Por causa do seu grande amor. É um amor sem igual e é grande o bastante para tratar de todas as minhas e as suas emoções.

Fale para ele como você se sente. Confesse as suas emoções, dúvidas e preocupações profundas e permita que ele prove o seu amor por você mais outra vez. Simplesmente corra para os braços dele. Eles são grandes o bastante para abraçá-la.

4. RECUSE-SE A ABRIR MÃO DA ESPERANÇA

Se há uma coisa que Tracey realmente quer que as outras mães que passaram por tragédias, perdas ou perda dos sonhos para os seus filhos saibam, é isto:

"Existe vida além da tragédia. Isso é difícil de ver ou aceitar quando você está no meio do seu momento mais sombrio. Haverá dias em que a dor da sua perda ameaçará vencê-la, levá-la para um lugar que você não quer ir. Mas um dia você vai acordar e perceber que o céu tem um lindo tom de azul. Você vai ver a glória das nuvens e se lembrar do quanto você as amava. Você vai sentir o calor do sol, vai rir de uma piada, vai sorrir para um estranho e lembrar que a vida pode ser boa. Quando esse dia chegar, guarde-o no seu coração, porque você ganhou um presente de Deus. Passe-o adiante. Console outras pessoas com o consolo que você recebeu e presencie quanta alegria isso vai trazer para a sua vida".

Uma perspectiva eterna pode lhe dar a esperança de que existe propósito e provisão para cada passo que você dá.

Levei meses para me recuperar completamente daquela época da minha perda e, às vezes, a tristeza ainda me pega do nada. Aprendi a aceitar essas emoções como elas são, a senti-las da forma mais profunda possível e a buscar a saída lembrando todas as coisas boas da minha vida. Também me dei conta, ao olhar para trás para o meu próprio processo de sofrimento, que os quatro passos de Tracey são o que me fizeram passar por aquela época difícil também.

Eu me converti a Cristo quando tinha apenas 9 anos de idade e realmente comecei a andar perto do Senhor aos 20 anos. Tive quase dez anos consecutivos de crescimento significativo como cristã antes de ser atingida pela primeira tragédia da minha vida. Naquele momento, consagrei a minha vida ao Senhor, estudei a palavra o máximo possível, aprendi a orar, fiquei cercada de amigas devotas e mais fortes, e me recusei a desistir de lutar pelo que eu acreditava (não tudo de uma vez e nem sempre muito bem). Às vezes perdia o rumo. Às vezes perdia a esperança e tinha de lutar para encontrá-la de novo. Às vezes queria jogar a toalha e viver na praia como o cantor americano Jimmy Buffet — liquidificador na mão, chinelos velhos nos pés, indo aonde o vento me levar. Mas nunca sucumbi por completo a essas falhas e desejos utópicos. Por quê? Porque Deus produziu uma fonte profunda de gratidão em mim, baseada na sua obra na cruz. Quanto mais eu estudava, mais agradecida ficava. Quanto mais agradecida eu ficava, mais o meu coração era leal a Deus, confiando nos caminhos dele acima dos meus — independentemente do que acontecesse.

Na realidade, os passos de Tracey se aplicam às coisas grandes e às coisas pequenas da vida. Você não precisa ter perdido o seu único filho para necessitar da graça de Deus para fazê-la seguir em frente. Um simples dia ruim pode fazer parecer que toda a sua vida é um desastre, e uma perspectiva eterna pode lhe dar a esperança de que existe propósito e provisão para cada passo que você dá.

> Uma perspectiva eterna pode lhe dar a esperança de que existe **propósito e provisão** para cada passo que você dá.

Aprendi que é bobagem apressar o sofrimento e que ele se move disfarçadamente no nosso coração e na nossa mente, afetando camadas que nós nem sabíamos que tínhamos. Às vezes só precisamos nos dar tempo e admitir que somos impotentes para mudar por nós mesmas. Lembre-se: o lugar da nossa maior fraqueza pode desencadear o poder da maior graça de Deus.

Não estou dizendo que o meu filho, ou o de Tracey, morreu apenas para que eu pudesse mudar, crescer e me tornar mais parecida com Jesus. O que *estou* dizendo é que seria um desperdício não permitir que eles nos tornem mais parecidas com Jesus...

O tempo que eu passei com Tracey foi um presente e tanto, e sou muito grata a ela por permitir que eu entrasse nessa parte sagrada do seu coração. Uma das coisas que ela disse que nunca vou esquecer é que sabia que Jarret não gostaria que a vida dela parasse por causa da morte dele. Ela sabia desde o início que essa seria a época mais difícil que atravessaria, mas saber quanto Jarret amava a vida, quanto ele queria dar e ter tudo o que pudesse da vida enquanto estava por aqui, também a ajudou a querer amar a vida novamente.

Continue olhando para cima, minha amiga. Eu sei que você logo verá o sol de novo.

CAPÍTULO **dez**

Deixando de ser uma mulher exausta para ser uma ADORADORA

Stacey

Meu avô fez noventa anos em 11/11/11. Eu ainda posso ver a foto antiga em preto e branco dele no uniforme do exército que a minha avó costumava guardar. Bonito e determinado, ele conquistou uma vida boa para a sua família numa cidade pequena.

A mãe dele, minha bisavó, era uma mãe exausta. Ele era o filho caçula. E, quando ela ficou tão exausta que não conseguia mais aguentar, o deixou com a irmã mais velha dele. Meu bisavô era alcoólatra e, verdade seja dita, minha bisavó não aguentou a vida de mãe criando filhos pequenos e tentando descobrir como dar um passo de cada vez. Então ela foi embora. Penso no meu avô e fico imaginando se ele já se perguntou aonde a mãe dele foi. Ele conseguia entender o tipo de exaustão que faz uma pessoa achar mais fácil ir embora?

Minha bisavó não é a única. Acontece que ultimamente cada vez mais mães estão deixando para trás a vida de mãe.

> Embora a taxa de divórcio tenha permanecido estável nos últimos trinta anos, o número de pais criando sozinhos os filhos aumentou de 679.000 em 1982 para 2,23 milhões em 2011, de acordo com o Departamento de Estatísticas dos Estados Unidos. Tais homens agora chegam a 20% dos pais e mães solteiros, dos 10% que existiam em 1960.[1]

[1] Bec, Koa. *All the single daddies: more than ever raising families*, 27 de abril de 2012, <http://www.mommyish.com/2012/04/27/single-fathers-statistics-2012>.

O sangue da minha bisavó corre nas minhas veias. Eu entendo. Também sou uma mãe exausta. O que posso aprender com o legado de ir embora? Como posso lutar com todas as minhas forças para amar mais profunda e intensamente e por mais tempo do que ela conseguiu? Francamente, não quero abandonar fisicamente a minha família. Acho que você também não. Mas e quando eu a abandono emocionalmente, porque fico sobrecarregada com o peso de tudo? Sejamos honestas. Às vezes nós a abandonamos quando...

- Ficamos na internet tempo demais.
- Comemos para lidar com o estresse.
- Ingerimos álcool para chegar até o fim do dia.
- Assistimos à TV por horas para nos perdermos em alguma história.

Posso dizer honestamente que já fiz cada uma dessas coisas para entorpecer a exaustão (exceto que o que bebo para chegar até o fim do dia normalmente é café). Quando nos fechamos nessas formas por longos períodos de tempo, corremos o risco de também ferir a nossa família. Se levarmos longe demais, podemos até nos pegar lutando com comportamentos viciantes.

No tratamento de vícios, falamos sobre o fato de que existe um vazio... Seja qual for o vazio — emocional, espiritual ou físico —, é típico tentarmos preenchê-lo.[2]

Creio que a resposta é deixar de lado o hábito de estar exausta e adotar um **coração de adoração ao Senhor**.

[2] Moore, Colleen, citado por Rachel Mosteller em *Why moms are at risk for internet addiction*, 28 de abril de 2009, <http://edition.cnn.com/2009/HEALTH/04/13/mothers.internet.addiction/index.html?iref=nextin>.

O vazio que sentimos na nossa vida fatigada como mãe é real. Blaise Pascal o chamou de "vácuo no formato de Deus", e existe só uma coisa que pode nos preencher. Creio que a resposta é deixar de lado o hábito de estar exausta e adotar um coração de adoração ao Senhor. Porque qualquer coisa menor que a presença de Jesus jamais nos satisfará. Para mim, o problema é me demorar na exaustão e deixar que ele me leve para outros lugares onde o medo, a derrota e a ira vivem. Preciso de um remédio que funcione rapidamente para me levantar. Veja, sentir-me exausta me coloca pra baixo, mas adorar me levanta. A minha exaustão se curva diante daquele a quem fui criada para adorar. Ele realmente quer nos erguer. Ele quer nos preencher com a sua presença e transformar o nosso coração árido e exausto em rios que jorram de alegria. Mas como nós preparamos o nosso coração para receber o que precisamos do Senhor?

> A adoração estende o tapete vermelho
> para a presença do Senhor.
> — PRISCILLA SHIRER[3]

O meu coração sabia que precisava adorar. Deus estava, como sempre, um passo à minha frente e orquestrou um momento de adoração para o meu coração em setembro do ano passado num culto da igreja. Eu adoro quando ele faz isso. Foi como se ele tivesse marcado um horário só comigo no altar, na frente da igreja, para orar. Olhe, cheguei naquela manhã em particular como um poço seco. Estava um caco de mãe. O meu marido estava fora da cidade havia mais ou menos uma semana, e eu estava no fim das minhas forças. Nós cantamos o domingo inteiro até eu não conseguir mais cantar. Senti uma agitação no meu coração e então fui gastar tempo de joelhos, com aquele

[3] SHIRER, Priscilla, palestra da Conferência *Going beyond* [Indo além]. Orlando, FL., maio de 2012.

que tinha sussurrado: "Venha". Confesso que não vou até o altar com muita frequência. Mas eu sabia onde ele queria me encontrar naquela manhã. E foi o que ele fez.

Assim que os meus joelhos tocaram o tapete, as palavras começaram a jorrar. Admitindo os meus pecados, um por um, eles foram apresentados. "Eu não consigo. Eu não consigo... eu sou um fracasso como mãe. Ah, como eu gritei. Sinto muito, Senhor". Eu comecei a chorar feio. Ele foi gentil e amável ao me responder silenciosamente.

Sentei-me no altar, me desfazendo em lágrimas, sabendo que ele cobre tudo com a sua graça. Toda e qualquer coisa. E em nenhum momento ele desaponta ou condena.

Isaías 61.3 diz que Deus deseja nos dar *vestes de louvor em vez de espírito angustiado*. Foi isso exatamente o que ele fez por mim naquela manhã. Fui embora deixando de lado a minha exaustão e, pela primeira vez em semanas, com o coração cheio de esperança.

Nós fomos feitas para adorar, e não há nada melhor que deixar de lado a nossa pequenez e nos deliciar na glória daquele que se chama Santo e Verdadeiro para fazer a sensação de exaustão fugir. Você conhece o hino *Volve os olhos a Cristo*? Esse sempre foi o meu favorito por causa desta parte:

> Volve os olhos a Cristo,
> contempla sua face de amor.
> Fruirás na luta terrestre
> maravilhas do seu doce amor.[4]

Para mim, às vezes é mais fácil contemplar a sua face de amor na igreja, enquanto os meus filhos estão ocupados na escola dominical e o meu pastor acabou de trazer a palavra de Deus numa bandeja para o meu coração. Momentos como o que eu descrevi anteriormente não acontecem todo domingo. Na maior parte

---

[4] LEMMEL, Helen H. *Volve os olhos a Cristo*. Grupo Prisma Brasil, 1987.

do tempo, eu me sinto muito bem enquanto estou sentada no banco da igreja. Não sei você, mas eu preciso mais da glória e da graça dele nos outros seis dias da semana quando estou chorando com a minha xícara de café e me perguntando como vou aguentar até o fim do dia. Então como nós estendemos o tapete vermelho para a presença do Senhor de segunda a sábado? Como adoramos a Deus nas pequenas áreas da nossa vida e fazemos a grande diferença em como vivemos esses dias? Porque nos voltarmos *efetivamente* para aquelas outras coisas — comida, TV, celular — é uma forma de adoração: deslocada e idólatra, que não satisfaz o verdadeiro desejo do nosso coração.

A GRATIDÃO LEVA À ADORAÇÃO

Se a adoração estende o tapete vermelho para a presença do Senhor, então a gratidão é o fio do qual esse tapete é feito. Eu reaprendi essa lição várias vezes e fiz uma lista de gratidão com a intenção de contar as minhas bênçãos. Ann Voskamp diz: "São os hábitos que podem aprisioná-lo e são os hábitos que podem libertá-lo. Mas quando a gratidão a Deus se torna um *hábito* — aí a *alegria* em Deus se torna a sua vida".[5]

Estar exausta é um **hábito do coração**.

Estar exausta, para mim, é um hábito do meu coração. Eu sou prejudicada pelas coisas da vida, porque — vamos encarar — a vida é dura. Não quero mais ficar aprisionada pelo meu hábito de estar exausta. O meu ato de dar graças, a minha contagem diária dos presentes que me trazem tanta alegria, destranca a prisão e me liberta.

Ao ser intencionalmente grata pelos presentes diários que me rodeiam, a alegria enche o meu coração e eu encontro Jesus

[5] VOSKAMP, Ann. *Joy Dares, blog A holy experience,* <http://www.annvoskamp.com/joy-dares/>.

bem ali, à mesa da cozinha, enquanto faço uma caminhada com as minhas meninas ou ao colocá-las na cama. Quando eu o encontro, o meu coração não consegue se desviar da adoração.

Há dias em que os presentes de alegria borbulham. E há dias que parecem derramar trevas. Pegue a semana passada como exemplo. Choveu. Muito. Nós ficamos presos em casa por vários dias, e as minhas filhas estavam ficando loucas. Eu me surpreendi terrivelmente desmotivada e imaginando como algum dia conseguiria seguir em frente. Então eu li este versículo de 1Crônicas 16.27: *Glória e majestade estão diante dele; força e alegria na sua habitação.*

Fico me perguntando quanto tempo vai levar até que essa verdade realmente penetre profundamente no meu coração. Eu aprendo terrivelmente devagar. Estou aqui contando as bênçãos, procurando razões para me alegrar e, na verdade, a única razão que preciso está aqui: a habitação da *alegria* se encontra no Senhor. Se eu quero que a alegria transborde? Preciso de força para os meus dias sem motivação? Sim. E sim. Você também?

Na verdade, não é tão difícil assim. Vamos até a habitação da alegria para analisar cuidadosamente o seu esplendor e majestade. Acho que, quando nós o fizermos, até os dias chuvosos e as segundas-feiras não vão nos abater. Nós os enfrentaremos também. E a alegria vai se espalhar.

MARGEM É A ARTE DE FICAR PARADA

Ficar parada é absolutamente essencial para adorar na nossa vida diária. Se você me perguntar, essa pode ser a coisa mais difícil para uma mãe fazer. A nossa vida se move terrivelmente rápido do alvorecer ao pôr do sol. O que é a margem? Eu acabei me dando conta de que é simplesmente a arte de ficar parada. A margem é um espaço em branco na nossa vida que nos permite desacelerar, nos recompor e fixar os nossos olhos no Senhor.

Como a arte, a margem não acontece sozinha. Temos de criá-la de algum jeito. Na verdade, podemos ter de lutar por ela. Logo de cara vou falar que essa é uma coisa que preciso demais para deixar de ser uma mulher exausta e me tornar uma adoradora. Sendo mãe de quatro, isso é indispensável para a minha vida. Quando a margem fica apertada, não sou a mulher que Deus deseja que eu seja e começo a voltar para os meus hábitos carnais de ira, de exaltação emocional e de bancar a mártir. Você sabe bem o que é se fazer de mártir, não é mesmo? "Ah, pode deixar que eu faço. Eu sou a ÚNICA que faz alguma coisa nesta casa." Minha amiga, esta Stacey não é bonita de jeito nenhum.

Existem algumas formas que estou usando para criar uma margem na minha vida. A primeira é me levantando uma hora antes da minha família toda manhã. Eu não comecei com uma hora. Comecei anos atrás com quinze minutos. Achei esse tempo tão revigorante que fui acrescentando mais minutos. O que acontece durante esse tempo está lindamente ilustrado neste versículo: O *Espírito de Deus me fez, e o sopro do Todo-poderoso me dá vida* (Jó 33.4). Toda manhã eu me encontro com Deus, e ele sopra vida no meu coração exausto. Parece simples e talvez o seja em alguns aspectos. Com toda a segurança eu lhe digo: ele me atende sem falta.

A segunda forma de tentar criar uma margem na minha vida é me desligando do mundo, às vezes barulhento, da mídia social. O domingo, apesar de não ser um verdadeiro descanso sabático para qualquer mãe, inclusive eu, é um dia em que eu decido guardar o meu celular e me abster de entrar em *chats* na maior parte do tempo. Tento ficar em silêncio tanto quanto ouvir a voz do Senhor mais de perto. Como escritora, blogueira e comunicadora versátil, amo o Twitter, o Facebook e o Instagram. Mas quer saber? Ninguém precisa ouvir a meu respeito 24 horas por dia, 7 dias por semana, 365 dias por ano. Então eu desligo o celular.

Um dos meus objetivos para o futuro é tirar um fim de semana por mês para ter uma margem. Isso parece um projeto gigantesco, mas, de qualquer forma, estou motivada a tentar. As minhas meninas ficam ocupadas, envolvidas em muitas atividades e com as amigas. Então eu não vejo necessariamente esse tempo do fim de semana comigo só, sentada na minha poltrona vermelha, lendo e tomando chá com tranquilidade. Além do mais, por alguma razão, a minha família ainda aprecia ter comida na mesa e roupas limpas. Então, ainda que eu adorasse dar uma fugida para um chalé à beira-mar, esse tempo vai ter muito mais a cara da vida real. Mas o que eu gostaria de ver é mais espaço em branco nesses finais de semana para atividades que revigorem a alma, como tomar um café com uma amiga, mergulhar num livro ou fazer a comida preferida da minha família enquanto canto na cozinha. Eu quero que esse tempo seja intencionalmente mais devagar, sem a pressa de fazer e produzir. Se isso funcionar pelo menos metade do mês, acho que renderia alguns dividendos para a minha vida.

QUE O SEU CORAÇÃO CANTE

Um dos meus livros favoritos de todos os tempos é *Pés como os da corça nos lugares altos*, de Hannah Hurnard. A personagem principal é uma menina chamada Grande-Medrosa (vá em frente e coloque o meu nome aqui). Nessa linda alegoria, a Grande-Medrosa é convidada pelo bom pastor a ir para lugares altos. Ela tem de trilhar uma longa jornada para chegar lá e se depara com grandes dificuldades ao longo do caminho. Ela escala montanhas, anda no deserto e sobrevive a tempestades. O capítulo do livro que sempre falou com mais clareza ao meu coração tem como título "No nevoeiro". Nele, a Grande-medrosa se sentia sufocada pela situação e não conseguia ver uma saída. Ela ficou exausta pela situação e deu ouvidos às vozes do ressentimento, da amargura e da autopiedade. Tropeçou e se arrastou, sem direção. Ela ficou completamente desolada e à beira de desistir de tudo.

Isso lhe parece familiar?

Você está perambulando sobrecarregada pela exaustiva tarefa diária de ser mãe? Você fica se perguntando se está no caminho certo e se o rumo que está tomando vai de fato levá-la a algum lugar? O ressentimento, a amargura e a autopiedade apareceram na sua casa e se tornaram hóspedes permanentes? Você chegou ao fim das suas forças?

Se você simplesmente fechasse os olhos e levantasse a mão concordando, minha irmã, eu estaria bem ali com você. Veja, eu não vivi, aprendi e me livrei dessa coisa de mãe exausta. Isso é o que eu estou vivendo enquanto escrevo neste momento. Ao colocar palavras no papel na esperança de encorajar o seu coração, também estou falando para o meu próprio coração. Eu ainda não cheguei lá. Estou trabalhando para melhorar ficando ao seu lado.

Então o que podemos fazer com todo o vaguear sem direção no nevoeiro da exaustão? O que a Grande-Medrosa fez?

> Afinal, uma tarde, quando a única coisa que poderia descrever seu progresso eram a lama, a umidade, os constantes escorregões e os tropeções ao longo do caminho, *ela decidiu cantar* (ênfase da autora).[6]

Aconteceu a coisa mais incrível enquanto ela cantava — ela se animou um pouco. As vozes diminuíram até não se ouvirem mais e, para a sua grande surpresa, ela viu o bom pastor vindo em sua direção. Ele estava sorrindo e recebendo a sua canção, que realmente era um sacrifício de louvor. Ela não estava com vontade de cantar, mas cantou do mesmo jeito.

Quer saber de uma coisa? Eu simplesmente amo cantar. Mas há dias em que só quero desistir, em que me esqueço disso. Eu esqueço a canção que o próprio Deus escreveu no meu coração. Em vez disso, escuto as vozes que me cercam e me falam para comer um potinho de um sorvete delicioso e telefonar para a minha mãe para reclamar. Penso que estou sozinha na minha jornada e esqueço que o meu bom pastor está comigo

[6] HURNARD, Hannah. *Pés como os da corça nos lugares altos*. São Paulo: Vida, 1989.

todo o tempo. Parece tão simples, mas, menina, nós precisamos encontrar uma música para cantar nos dias mais desgastantes. A música tem um jeito poderoso de envolver o nosso coração mesmo que, ao contrário de mim, você não goste exatamente de cantar alto. Você pode falar a sua música ou escrevê-la, se preferir. Mas onde nós podemos encontrar uma música?

CAREÇO DE JESUS

Cresci numa igreja batista bem pequenininha, numa cidade pequena no sul do estado de Indiana. Nós cantávamos hinos antigos todo domingo à noite. O pastor dizia: "Que hino vocês querem cantar?" E, uma por uma, as pessoas falavam alto os seus preferidos. Por sorte, a Lois se sentava ao piano e sabia todos eles de cor. Todos nós cantávamos juntos a primeira e a última estrofes, e no final alguém dizia: "Amém".

Nos dias de hoje, no culto de adoração moderno que eu frequento, não cantamos muitos hinos. Mas isso não impede o Senhor de jogá-los no meu coração de tempos em tempos com uma doce lembrança. Há alguns dias, eu estava aprontando as minhas meninas para irem para a cama e a letra do hino "Careço de Jesus" veio à minha mente:

> De ti Senhor, careço!
> De teu amparo sempre!
> Oh! Dá-me a tua bênção:
> Aspiro a ti!

E, como num passe de mágica, e letra grudou na minha cabeça. Eu cantei a semana toda. Ela se tornou uma oração simples conforme eu cuidava dos meus dias. O meu coração foi animado, e os meus olhos se voltaram para Jesus, assim como a Grande-Medrosa.

Agora é o momento que tenho de contar que, às vezes, Jesus gosta de se exibir para mim. Ele gosta de colocar um ponto de exclamação na minha vida quando menos espero. Ele também faz isso por você? Tenho certeza de que sim. Então a história continua comigo mais uma vez sentada na igreja, no domingo seguinte. Lembra-se de que eu disse que nós não cantamos muitos hinos hoje em dia? Lembra-se de que eu disse que eu cresci com eles? Bem, adivinhe que hino o nosso líder do louvor começou a tocar? Não estou brincando quando digo que ele começou a tocar "Careço de Jesus". Quase desabei no meu lugar. O bom pastor apareceu no banco da igreja do meu lado, colocou os seus braços sobre mim e disse: "Minha filha querida, você deve ter uma música para cantar". Eu chorei lágrimas de alegria. O meu coração se encheu de adoração.

Todo esse acontecimento me deixou entusiasmada com Jesus de um jeito que eu não ficava havia um bom tempo. Fiquei curiosa com esse hino, de modo que dei uma olhada na internet. Descobri que ele foi escrito por uma moça como eu. Uma dona de casa do Brooklyn, bairro de Nova York, chamada Annie Hawks, escreveu esse hino na cozinha da casa dela em junho de 1872. Você também acha que talvez ela estivesse se sentindo um pouco esgotada e exausta? Era essa música que ela estava cantando para fixar melhor os olhos em Jesus? Acho que esse pode ser o caso.

Veja, o importante sobre a adoração é que ela reconhece no mais profundo da nossa alma que precisamos Jesus. Não conseguimos seguir nessa jornada por conta própria. Nem precisamos. Necessitar dele a todo instante não é derrota. É uma fome provocada por Deus, que só ele pode saciar. O nosso impulso diário na direção dele por meio da adoração é um reconhecimento de que não fomos feitas para nada menos que isso. Precisamos da presença do Senhor para nos fortalecer e nos guiar. Precisamos dele a todo momento. É nele que encontramos esperança.

Precisar dele a todo instante não é derrota.
É uma **fome provocada por Deus**,
que só ele pode saciar.

Onde você está hoje? Você precisa gastar um tempo, hoje, ajoelhada com o doador da graça? Precisa deixar a exaustão de lado e começar a dizer obrigada? Ele quer ir ao seu encontro. Ele pode ter um horário marcado com você no altar ou talvez queira apenas que você cante uma música na cozinha só para ele. De qualquer forma, ele quer sussurrar para o seu coração que a ama e nunca vai abandoná-la. Eu prometo que, quando você chegar ao fim das suas forças e decidir adorar, o seu coração exausto vai voltar a cantar de esperança.

CAPÍTULO **onze**

Quando você precisa de ESPERANÇA imediatamente

Stacey

Quando eu era criança, adorava assistir ao Charlie Brown (da turma do Snoopy). Todo feriado éramos presenteados com uma visita dessa turma diversificada de crianças. Eles nos ensinavam sobre a vida e os relacionamentos do jeito simples de uma revistinha em quadrinhos. O meu coração ficava partido quando o Charlie Brown se esforçava para chutar a bola de futebol americano e acabava caindo tantas vezes que nós nem conseguíamos contar. A gente não conseguia ficar triste por muito tempo, porque o Snoopy aparecia e nos fazia rir com as suas travessuras. Isso não é perfeito?

Quer saber que personagem me tirava do sério? Não, não é a Lucy mandona. Eu tenho muito dela. O personagem a que me refiro é o Chiqueirinho. Você se lembra dele e daquela nuvem infinita de poeira em volta dele? Eu tinha a impressão de que ele estava confortável com a desorganização dele. Na verdade, todo mundo também pensava assim. Você percebe que ninguém nunca comentava sobre a aparência dele? Pode ser porque eles o aceitavam como ele era. As crianças fazem isso. Mas talvez fosse porque eles pensavam: "Por que me incomodar?" Ou, quem sabe, todos eles tinham uma desorganização que também estavam tentando esconder. Apontar a dele significava ter de denunciar a deles mesmos.

SOCORRO, EU ESTOU VIRANDO O CHIQUEIRINHO

Você já pensou por que Deus se incomoda conosco? Não seria mais fácil se ele simplesmente fizesse vista grossa ou nos jogasse na sua gaveta de tranqueiras celestial e esperasse para nos separar num dia chuvoso? Ou, ainda melhor, por que ele usa alguém que é muito mais organizada do que nós? Sempre há alguém mais bonita, mais magra e mais ajeitada que eu. Com certeza, essa mãe está disponível. É provável até que ela tenha um aplicativo no celular para controlar a bagunça dela.

Eu não. Acho que, se é que isso é possível, aumentei a minha bagunça com o passar dos anos. Lembro-me de que, quando eu era criança, ficava agoniada se um sapato da Barbie estivesse fora do lugar. Eu só entregava trabalhos limpos e sempre superava as expectativas. Mas, ultimamente, não consigo arrumar a minha bagunça. Ah, às vezes ainda ajo como se eu fosse um arraso, como a Lucy. Mas cada vez mais me sinto como o Chiqueirinho. A bagunça que me rodeia esta semana parece um começo desastroso para tirar a minha caçula da fralda, *fast-food* demais para a minha família e uma guerra iminente na minha sala de estar entre a louça e as roupas por lavar se eu não começar logo as negociações de paz.

O que é ainda pior que tudo isso é a confusão que se instalou no meu coração. Eu preciso admitir que ela é grande. Não gosto de quem ou do que se mudou para esse espaço. Não consigo nem imaginar por que Deus em toda a sua glória escolheria morar ali por mais de dez segundos.

Ah, mas pela graça! A enorme graça do *grandioso és tu* é derramada sobre mim no momento em que me sinto uma causa perdida e ele me faz lembrar quem ele é. Uma análise rápida do evangelho de Lucas diz que...

- Ele veio para um mundo caótico.
- Ele nasceu num estábulo.
- Os pais dele nem eram casados.
- A vida deles estava longe de ser perfeita.
- Ele escolheu andar com pessoas confusas.
- Os melhores amigos dele eram pescadores.

- Ele era conhecido por andar com coletores de impostos.
- Ele deixou o seu ministério nas mãos de homens iletrados.
- Ele ministrou para pessoas ainda mais confusas.
- Ele comia com pecadores.
- Ele deixou uma mulher imoral lavar os seus pés.
- Ele se misturava com os rejeitados da sociedade.

E, para falar a verdade, ele não se dava muito bem com todas as pessoas boas e sãs. As "Lucys" que eram um arraso não precisavam realmente dele. Vez após vez, Jesus encontrava as pessoas no caos delas e lhes oferecia esperança. E elas nunca mais foram as mesmas.

Esse mesmo Jesus quer nos encontrar no meio do nosso caos também. Ele quer fazer uma obra em nós e depois por meio de nós. Ele não vai se contentar em apenas clarear as nossas circunstâncias. Nós sabemos que ele pode fazer isso num piscar de olhos e, às vezes, ele o faz. Gosto de como a Bíblia *A mensagem* afirma isso em Efésios 3.20,21:

> *Vocês sabem muito bem que Deus pode fazer qualquer coisa, muito mais do que poderiam imaginar ou pedir nos seus sonhos! Quando Deus age, ele nunca o faz de modo forçado, pois o seu agir em nós, por seu Espírito, acontece sempre de modo profundo e gentil dentro de nós.*

Você entendeu? O plano dele é fazer muito além do que podemos imaginar. Ele o faz trabalhando dentro de nós. Ele quer nos ensinar sobre o seu caráter e nos revelar o seu coração. Ele quer sussurrar no nosso ouvido: "A esperança está aqui". E, nesse processo, ele não muda só o nosso caos — ele nos muda. Que promessa gloriosa para o nosso coração hoje!

HOJE É O DIA DA ESPERANÇA

Hoje é um ótimo dia para dar um passo na direção da esperança e um salto gigante para longe da exaustão. Nós podemos fazê-lo juntas e confiar em que a esperança está aqui. Eu amo este lembrete precioso de Mateus 12.21 sobre Jesus. Ele diz: *Os gentios terão esperança em seu nome.* Você sabia que na verdade o nome dele é Esperança? Tudo se volta para o nosso relacionamento com aquele cujo nome guarda precisamente o que o seu coração esgotado precisa. Há algum tempo atrás, Deus nos deu um acrônimo com a palavra *HOPE* [esperança em inglês]. Nós amamos usá-lo para compartilhar essa mensagem com mais facilidade. Além do mais, vamos encarar o fato de que, como mães, temos tantas coisas para lembrar que sempre que pudermos facilitar as coisas é ganho para todos os lados.

H: Honestamente admita como você está.
O: Ore convidando Jesus para entrar no seu caos.
P: Persevere na oração.
E: Encoraje o seu coração com a palavra de Deus.

Honestamente admita como você está

Menina, jogue a toalha. Está na hora de tirar o véu do "está tudo bem" e ser honesta com o que está acontecendo no seu coração e no seu lar. Eu acho que todas nós temos dificuldade de fazer isso. Toda mãe. Toda mulher. Nós sentimos a necessidade de continuar sorrindo quando na verdade estamos morrendo debaixo do peso de tudo isso.

Quando finalmente admiti que eu não tinha mais condições de ser maravilhosa, Deus se inclinou e me falou baixinho: "Fico muito feliz que você tenha dito algo. Eu estava esperando por você". Ele sabia o tempo todo. Mas eu precisava falar a verdade sobre a minha situação antes que ela começasse a mudar. Quando admiti o caos no meu coração, foi como se uma luz de esperança se acendesse para mim.

É tão libertador ser honesta. Os segredos têm um poder sobre nós e nos paralisam em lugares sombrios. O primeiro passo é falar para si mesma e depois contar para o seu marido ou uma amiga de confiança. Eles também precisam saber. Você pode pensar que eles vão julgá-la, mas acho que eles já sabem que alguma coisa não está muito certa. A exaustão quer que você continue sozinha e na escuridão. Não fique assim. Seja honesta e siga em frente.

Ore convidando Jesus para entrar no seu caos

Embora Deus esteja superdisposto a se juntar a nós no nosso caos, ele também aprecia um convite. Gosto de descrevê-lo como o perfeito cavalheiro. Ele não vai forçar a entrada dele em nenhuma parte da sua vida que você não tenha pedido para ele entrar. Amo Isaías 41.10, porque me faz lembrar: *Não temas, porque estou contigo; não te assustes, porque sou o teu Deus; eu te fortaleço, ajudo e sustento com a minha mão direita fiel.* Ele está esperando para nos ajudar. Anseia nos fortalecer como mães. Quer nos levantar com a sua mão poderosa. Nós precisamos que ele faça isso hoje.

Se você estiver pronta para se encontrar com Deus como você se encontra e vê-lo fazer mais do que pode imaginar, que tal se juntar a nós na oração a seguir?

> *Senhor, hoje eu quero admitir honestamente como eu estou. Estou cansada além do normal. Sou uma mãe exausta que precisa de um novo encontro contigo. Por favor, trabalha no meu coração caótico. Faze dele um lugar onde tu ames morar. Enche-o com a tua presença e começa trabalhando no meu interior para que eu seja quem tu queres que eu seja no exterior. Creio que tu queres fazer mais do que eu possa imaginar. Eu te convido para começar agora mesmo. Sei que isso não vai acontecer da noite para o dia. Pode ser que eu dê dois passos para frente e dois para trás. Obrigada por andares comigo, Jesus, e seres paciente comigo. Acima de tudo, obrigada por me fazeres mãe. A minha oração é que a minha família seja a primeira a ver que a Esperança está trabalhando em mim. Amém.*

Persevere na oração

A oração é a forma pela qual derramamos o nosso coração e paramos para ouvir a voz de Deus. Depois de convidá-lo para entrar no nosso caos, precisamos continuar essa conversa revigorante diariamente. Por meio da oração, podemos pedir para ele suprir as nossas maiores necessidades e lutar as nossas maiores batalhas.

Davi era alguém que entendia o que é conversar por meio da oração. Ele estava sempre clamando e Deus estava sempre levantando-o. Acho que isso fica ilustrado de uma forma muito bonita em Salmo 61.1-4:

> *Ó Deus, ouve meu clamor; atende à minha oração. Clamo a ti desde a extremidade da terra; meu coração está abatido; leva-me até a rocha que é mais alta do que eu. Pois tu és o meu refúgio, uma torre forte contra o inimigo. Que eu possa habitar no teu tabernáculo para sempre e me abrigar no esconderijo das tuas asas.*

Davi derramou o seu coração, e então uma coisa linda aconteceu logo depois do versículo 4. Ele fez uma pausa. Algumas traduções da Bíblia usam a palavra *Selah*, que é um termo musical para "pausar" ou "ficar em silêncio". O que Davi estava fazendo durante essa pausa? Ele estava refletindo e ouvindo. As palavras seguintes nos mostram o que Deus falou para Davi durante a sua pausa santa: *Pois tu, ó Deus, ouviste meus votos e me deste a herança dos que temem teu nome* (Sl 61.5).

Davi sabia que Deus estava ouvindo enquanto ele derramava o seu coração. Ele fez uma pausa, e Deus pronunciou exatamente a palavra de encorajamento de que ele precisava. Como resultado, o coração de Davi transbordou em louvor: *Assim, cantarei louvores ao teu nome perpetuamente, para cumprir meus votos todos os dias* (Sl 61.8).

A oração é absolutamente vital para nos conectarmos com a nossa fonte de esperança. Às vezes, quando estamos exaustas, simplesmente nos esquecemos de falar com Jesus sobre o assunto. Em vez disso, nós nos contentamos em reclamar constantemente com os outros, tentando ganhar a sua compaixão. O que precisamos é de um refúgio e uma torre forte de esperança. Com uma simples oração, podemos clamar a Deus e encontrar ambos.

Encoraje o seu coração com a palavra de Deus

Você sabia que uma das razões pelas quais a palavra de Deus existe é estimular a sua esperança? O texto de Romanos 15.4 nos diz exatamente isso: *Porque tudo o que foi escrito no passado foi escrito para nossa instrução, para que tenhamos esperança por meio da perseverança e do ânimo que provêm das Escrituras.*

Deus nos deu as Escrituras para nos encorajar e nos dar esperança, porque ele sabia que precisaríamos ver o preto no branco. Ele sabia que precisaríamos ter as suas palavras em nossas mãos para podermos levá-las até o nosso coração. Mas, em sua bondade, Deus não para somente aí. Ele quer que sejamos abundantemente cheias de esperança:

> *Que o Deus da esperança vos encha de toda alegria e paz na vossa fé, para que transbordeis na esperança pelo poder do Espírito Santo* (Rm 15.13).

Deus é a nossa fonte de esperança. Ele mesmo quer nos preencher não só com esperança, mas com alegria e paz também. Ao nos encontrarmos com ele nas páginas da Bíblia, a nossa fé cresce. Por meio do poder do Espírito Santo, ele acende a nossa esperança, e ela transborda sobremaneira.

Isso não dá vontade de subir na cadeira agora mesmo e comemorar? Para mim, dá. Eu amo a palavra de Deus. Sei que a sua vida é loucamente agitada, minha amiga. A minha também. Mas o único lugar onde você pode ter certeza de encontrar o Deus da esperança diariamente é nas páginas da palavra dele. Ele habita ali. Dedicar tempo para ler a Bíblia, meditar nela e memorizar a verdade que nos enche de esperança fará uma diferença significativa na sua vida.

Não existe varinha mágica que eu possa balançar sobre a sua cabeça para animar o seu coração com a palavra de Deus instantaneamente. Você tem de mergulhar nela espontaneamente. Você precisa dedicar tempo para isso.

Quando eu era pequena, queria pular do trampolim da piscina da nossa cidade. Eu ficava apavorada e, mais de uma vez, subi até a metade da escada e desci de novo. Não conseguia me forçar a dar um salto de fé.

No meio do verão, durante as festividades de 4 de julho [Independência dos Estados Unidos], toda a minha família foi nadar na piscina. O meu pai era um excelente nadador e adorava mergulhar. Finalmente mencionei para ele que queria pular do trampolim, mas tinha medo. Ele disse: "Está certo, vou com você. Eu entro na água e fico aqui quando você mergulhar. Vou garantir que você fique bem".

Adivinhe o que fiz. Eu subi. Caminhei até a ponta da prancha. E agora, com o meu pai nadando lá no fundo, eu pulei. Ele estava do meu lado logo antes de eu subir para tomar ar. Tê-lo na piscina fez toda a diferença.

Minha amiga, eu lhe prometo isto de todo o meu coração: Quando você mergulhar na palavra de Deus, o próprio Jesus estará esperando por você, e o seu coração será encorajado.

A ESPERANÇA É O EVANGELHO

Você quer saber a verdade? A esperança é de fato o evangelho. Todas nós temos de chegar a um ponto em que compreendemos que não conseguimos, mas ele consegue. Nós podemos clamar que ele venha ao nosso encontro no caos da nossa vida e seja real para nós neste exato momento. A sua palavra nos fortalece e nos guia. Já que Jesus é o Verbo [a palavra] que se fez carne, de acordo com João 1.1, o que nós estamos dizendo é: "Senhor, sê forte na nossa vida".

Eu prego essa ESPERANÇA para mim mesma vez após vez todo santo dia. Preciso desse lembrete, porque também sou uma necessitada. Eu me agarro nele. Esse evangelho de ESPERANÇA é a minha resposta.

O evangelho é tão insensato (de acordo com a minha sabedoria natural), tão escandaloso (de acordo com a minha consciência) e tão inacreditável (de acordo com o meu coração acanhado) que é uma batalha diária crer no seu âmbito total como eu deveria. Simplesmente não há outra forma de competir com os presságios da minha consciência, a condenação do meu coração e as mentiras do mundo com o diabo, que não sufocar tais coisas com o exame diário do evangelho.[1]

O evangelho é esperança. Ele é para o meu coração e para o seu. A razão pela qual ele ressoa no nosso coração é porque Jesus é quem está falando. Ele quer nos arrebatar com a verdade e silenciar o nosso coração condenatório. Ele quer intensificar a nossa esperança o dia inteiro. Então vamos pregar para os outros, mamãe. Vamos pregar.

NOSSA ORAÇÃO DE BÊNÇÃO

Ao encerrarmos as páginas deste livro, queremos que você saiba que não estamos encerrando a nossa história. Eu e a Brooke queremos deixar uma coisa bem clara: não somos *experts*. Somos apenas mães esgotadas. Nunca vamos falar como você organizar a sua casa, disciplinar os seus filhos ou aperfeiçoar o seu orçamento. Essas coisas são boas e dignas que podem facilitar a sua vida, mas a "esperança" não trata disso.

As nossas histórias ainda estão sendo escritas. Nós somos duas mães que encontraram uma à outra e a Deus em meio à nossa vida caótica. Este livro é o nosso clamor honesto. As mãos dele ainda estão trabalhando nesses pedaços de argila. As

[1] VINCENT, Milton. *A gospel primer for christians*. Bemidji, MN: Focus Publishing, 2008, p. 14.

palavras que escrevemos nas páginas deste livro são importantes para nós, porque estamos nos agarrando à verdade por trás delas todos os dias, sem exceção. Somos gratas porque Deus vê o interior belo e amável do nosso coração e diz que somos dele.

Adoraríamos fazer uma oração de bênção por você, do livro de Salmos. O desejo do nosso coração é que você consiga enxergar neste livro a esperança chegando para você.

> O SENHOR *te ouça no dia da angústia; o nome do Deus de Jacó te proteja. Do seu santuário te envie socorro e te sustente desde Sião. Lembre-se de todas as tuas ofertas e aceite teus sacrifícios.*
>
> [Interlúdio]
>
> *Conceda-te o desejo do teu coração e realize todos os teus planos* (Sl 20.1-4).

A nossa oração é que você o veja quando estiver sem saída. Ele é o seu abrigo. Ele a sustentará. Ele é a resposta.

Ele é a Mãe 24 horas.

Perguntas e respostas com Stacey e Brooke

Passagens bíblicas para a mãe exausta

O manifesto da mãe exausta

Verdades bíblicas para a mãe exausta

Conversas à mesa da cozinha
Ideias para pequenos grupos com guia de estudo

Recursos para a mãe exausta
Para a mãe exausta absorvida pelo caos da vida e que acredita que está sozinha. Você não está só. A esperança está aqui. Vamos caminhar juntas.

Apêndices

Perguntas e respostas com Stacey e Brooke

Nós pedimos que várias mulheres compartilhassem algumas perguntas que todos gostariam de fazer sobre as autoras por trás de *Mãe 24 horas*. Qualquer tipo de pergunta! Escolhemos as nossas favoritas e estamos muito felizes de compartilhar um pouquinho dos nossos bastidores com você, amiga!

1. Como você se converteu a Cristo?

Stacey A minha vida toda, fui à igreja. Desde criança cresci sabendo que "Jesus me ama, pois a Bíblia assim o diz". Principalmente, porque a minha mãe consagrou a sua vida a Cristo logo antes de eu nascer. Ela era fiel não somente em me levar à igreja, mas também em me demonstrar uma vida de fé edificada na oração e no estudo da palavra de Deus. Eu aceitei Jesus com 9 anos, quando li um livro que o meu pastor me havia dado sobre como se tornar um cristão. Logo depois disso, fui batizada.

Só quando fui estudar na Universidade de Indiana que a minha fé enraizada começou a crescer. Envolvi-me com um grupo de alunos cristãos chamado Cruzada Estudantil para Cristo e aprendi o que significava andar com Jesus nos aspectos diários da vida, compartilhar o seu amor com os outros e estudar a palavra de Deus com determinação focada. Participei de viagens missionárias, dirigi pequenos grupos e encontrei uma paixão por servir a Deus com toda a minha vida.

Brooke Fui criada numa pequena e simpática igreja batista da Convenção Batista do Sul, no sudoeste do estado da Virgínia. Os meus domingos eram cheios de ensinos bíblicos saudáveis e adultos que me amavam. Fui salva e batizada quando tinha apenas 9 anos de idade, mas só comecei mesmo a andar perto do Senhor um pouco antes de começar a namorar o meu marido em 1999. Ironicamente, logo antes de ficarmos juntos, nós dois tínhamos decidido que não estava dando certo fazer as coisas do nosso jeito; então entramos no nosso relacionamento nos comprometendo a fazer as coisas do jeito de Deus desde o início.

2. Como você conheceu o seu marido?

Stacey Eu e o meu marido, Mike, nos conhecemos no Projeto Missionário da Cruzada Estudantil para Cristo em Ocean, no estado de Nova Jersey, em julho de 1991. Ele estudava na Universidade de Miami (apesar de mais tarde ter se transferido para a Universidade de Ohio), e eu estudava na Universidade de Indiana. Nós dois soubemos desde o início que esta era a "pessoa certa". Namoramos a distância por dois anos antes de existir o *e-mail* e o celular. (Dá para imaginar uma coisa dessa?) Ele foi um verdadeiro cavalheiro e pagou todas as minhas contas de telefone! Casamo-nos em abril de 1994 num dia lindo de primavera.

Brooke Eu tinha uma queda pelo meu marido desde os 8 anos. Cafona, eu sei, mas é verdade. Quando eu era uma menininha esquisita de mais ou menos 6 anos, essa família só de meninos se mudou para a nossa cidade e começou a frequentar a nossa igreja. Os três irmãos, todos muito bonitos, eram a sensação por um bom tempo, mas o meu coração pertencia ao mais novo.

Como todas as outras meninas, eu ficava rindo quando ele passava, perguntei se ele queria namorar comigo (ele disse não) e comprei uma cópia da foto dele de escola, que ele estava vendendo. Por apenas 50 centavos eu tinha uma foto do indivíduo só para mim, com óculos de *nerd* e tudo.

Aos 13 anos, eu o convidei para ir ao baile comigo. Bem, para ser mais correta, pedi para a minha amiga Jennifer ligar para ele e perguntar se ele iria ao baile comigo. Ele disse não (de novo!).

Depois de várias tentativas, erros e quase acertos ao longo dos anos, a família dele começou a tramar para nos juntar. Eu gastava um bom tempo caminhando com a cunhada dele, Susan, e normalmente, depois de uma caminhada intensa, ela me convidava para entrar e tomar uma limonada, assistir a um filme ou só bater um papo. Milagrosamente, ele aparecia precisando usar a sala de ginástica da casa deles, para falar com o irmão mais velho sobre alguma coisa ou só para trabalhar na caminhonete dele. Nós começamos a passar muito tempo juntos por causa do nosso relacionamento mútuo com o irmão e a cunhada dele, mas eu estava namorando outro rapaz e não tinha certeza se queria desfazer aquele relacionamento.

Um dia, depois de ainda mais uma caminhada com a Susan, ele se ofereceu para me levar de carro para casa. Agora, os meus pais moravam subindo a rua, e nós dois sabíamos que na verdade eu não precisava de carona até a minha casa. Eu tentei dizer que não (honestamente, eu disse!), mas ele insistiu. Então entrei na caminhonete, o irmão e a cunhada dele acenaram nos dando tchau, e ele me levou para casa.

Quando chegamos lá (trinta segundos depois), ele desligou a caminhonete, me olhou nos olhos e me disse que eu era a moça certa para ele... aquela que ele tinha procurado a vida toda, mas não sabia que estava bem na frente dele. Ele reconheceu com respeito que eu estava namorando outro rapaz, mas pediu uma chance de me provar que ele estava certo.

Nós começamos a namorar mais ou menos dois meses depois, e desde então ele tem sido o amor da minha vida.

3. Qual o maior de todos os conselhos para criação de filhos em que você acredita sinceramente, mas tem dificuldade de praticar?

Stacey Essa é uma pergunta e tanto. O que logo vem à minha mente é "A vida não é uma emergência", de Ann Voskamp. Não tenho certeza se isso é realmente um conselho para a criação de filhos, mas é um assunto sério na minha casa. Como você sabe, nós temos quatro meninas. Tudo parece ser uma emergência lá em casa. Perdeu o sapato? Emergência! Cadê o controle remoto? Emergência! Ela está me olhando feio? Emergência! Eu me esforço para viver acima do drama, mas nem sempre tenho sucesso. Eu oro para que Deus me ajude a ficar calma, e não contribuir para a comoção. O problema é que nós, sendo uma família sem igual, temos a tendência de provocar um ao outro. Sei que descansar o suficiente e encontrar momentos para simplesmente ficar quieta durante o meu dia ajuda-me a manter a calma. Estou engatinhando nessa área. Pergunto-me se outras famílias só de meninas conseguem se identificar com isso!

Brooke Não grite com seus filhos. Ai! Dói admitir, mas é a verdade. Eu me esforço TANTO para não gritar com os meus meninos, mas às vezes sinto que, se eu não gritar, eles não vão me ouvir, com todo o barulho que fazem. Na maior parte do tempo, a nossa casa é barulhenta, e o nosso caçula é um menino que fala alto naturalmente. É normal eu me surpreender levantando a voz somente para eles me ouvirem! Perco a calma com eles muito mais do que tenho coragem de admitir, mas estou melhorando a cada dia e me esforço para falar (e demonstrar) com eles duas vezes mais do que fico brava com eles.

4. Como mães (e mulheres em geral) exaustas, como podemos encorajar umas às outras a parar de fingir que está tudo bem e sermos honestas umas com as outras?

Stacey Acho que temos de estar dispostas a contar a nossa própria história. Fico muito feliz que este livro esteja permitindo que algumas mães exaustas façam isso. Existe um poder verdadeiro em abrir o coração com outras mulheres. Porque, quando o fazemos, temos a chance de nos conectar num grau real. Podemos animar umas às outras e orar umas pelas outras. Eu fico espantada com a quantidade de mães que pensavam que estavam sozinhas ao olhar para esse ano passado e a jornada com *Mãe 24 horas*. Fico muito feliz porque agora todas nós sabemos que não estamos sozinhas.

A verdade é que as partes menos bonitas da nossa história são o que as pessoas mais querem ouvir. Isso ajuda as pessoas a saberem que elas são normais. Acho que nos escondemos porque o inimigo nos convenceu de que ninguém vai entender e todos vão pensar que somos loucas. Simplesmente, esse não é o caso. Precisamos contar o que está realmente acontecendo. Podemos compartilhar a nossa história e, durante o processo, passar esperança para outra mãe.

Brooke Adorei essa pergunta! Venho de uma família muito fechada que gosta de manter os seus "assuntos" em família. Costumam me perguntar por que eu compartilho abertamente as minhas dificuldades, e a minha resposta é sempre a mesma:

a) Eu quero saber se sou normal ou não e b) para que, no caso raro de eu realmente fazer alguma coisa certa, outras mães possam se beneficiar com isso.

Mas, falando sério, todas nós precisamos parar de fingir que os últimos cinquenta anos da liberação feminina não afetaram a nossa forma de pensar sobre nós mesmas. Eu sou grata pela oportunidade de votar e compartilhar as minhas opiniões tanto quanto a mulher ao meu lado, mas, apesar de todas as coisas boas que a liberdade para as mulheres conseguiu, acho que nós também conseguimos algumas coisas ruins. Depois de anos ouvindo que podemos conquistar tudo, nós nos sentimos culpadas, ou como se houvesse alguma coisa errada conosco, se não estivermos fazendo um bom trabalho em ser mãe, trabalhadora, irmã em Cristo, irmã, filha etc. Então não falamos sobre os nossos fracassos e desilusões. Descobri que, expondo o meu caos para o mundo todo, outras mulheres são libertadas para fazerem o mesmo. E os efeitos são de longo alcance! Quando admitimos a nossa fraqueza, damos permissão para Deus ser forte por nós (mas eu já escrevi sobre isso)!

A melhor forma de encorajar outras mães a caírem na real quanto às suas confusões é caindo na real quanto à sua. Para começar, caminhe com mansidão e humildade ao lado de uma ou duas mães e observe o que Deus faz enquanto você coloca tudo para fora.

Não vou fingir que esse "colocar tudo para fora" mentalmente não vem acompanhado de um toque de medo e apreensão. Costumo me preocupar que os outros vão me julgar com muita severidade ou, pior, julgar os meus filhos com muita severidade, colocando neles expectativas mais altas do que podem suportar, só porque a mamãe é escritora. Mas, com o tempo, descobri que tenho de entregar isso para o Senhor, porque andar em obediência a ele durante esse período da minha vida significa compartilhar a minha realidade. As mães precisam desesperadamente saber que elas não estão sozinhas; então confio que ele vai tomar conta dos detalhes.

5. Como você administra a agenda da sua família e o seu tempo para escrever?

Stacey Nós somos uma família agitada de seis pessoas e, às vezes, administrar a vida parece ser um sonho inconcebível. Mas é bem verdade o ditado que diz que você consegue tempo para o que é importante. Quando preciso escrever porque alguma coisa está fluindo, eu escrevo. Quando preciso escrever porque tenho alguma ideia que precisa sair da minha cabeça ou do meu coração, eu escrevo. Consigo encaixar na hora em que eu preciso.

Normalmente o meu dia é mais ou menos assim: acordo às 6h15 e tenho o meu momento com Jesus. Às vezes a minha resposta para ele é por meio da palavra escrita. Depois que as meninas levantam, nós comemos, assistimos à TV e começamos o nosso dia de aulas de *homeschool.* Costumo ficar ocupada dando aula, ajeitando o almoço e fazendo as tarefas de casa até o início da tarde. Quase todos os dias, escrevo à tarde, enquanto as minhas meninas estão brincando juntas. O restante do nosso dia é tomado com balé, indo ao supermercado e preparando o jantar. À noite, os meus neurônios já fritaram, e você não gostaria de ler o que eu escrevo. Nos finais de semana, tento escrever no sábado de manhã ou no domingo à tarde. O meu lugar preferido para escrever é numa livraria com cafeteria enquanto eu como um bolinho de baunilha e tomo um *latte* de avelã. Infelizmente, isso só acontece uma vez a cada ano bissexto.

Brooke Não acho que sou a melhor pessoa para falar sobre isso, porque estou constantemente mudando a minha abordagem. Honestamente falando, no início da minha carreira eu não fiz um bom trabalho nesse sentido, negligenciando a minha família para que eu pudesse construir o que pensava ser um seguimento importante. Escrevi um livro virtual pequeno e barato sobre tudo que o Senhor me ensinou naquele tempo, intitulado *Notes to aspiring writers: your dreams, God's plan* [Anotações para escritores aspirantes: seus sonhos, o plano de Deus], que resume bem os meus sentimentos sobre as prioridades de um escritor. Dito isso, com dois rapazes ativos, estudando no sistema de *homeschool*, e um marido que trabalha por turnos, tenho de ser criativa. Já que os meninos são pequenos, na maior parte do tempo escrevo quando eles estão fazendo a hora silenciosa ou dormindo. Isso quer dizer que tenho mais ou menos duas horas no meio do dia e mais duas depois que eles vão para a cama. Se eu estiver num período importante em que precise escrever (como com este livro), nós contratamos uma babá uma vez por semana e eu tento me levantar uma ou duas horas mais cedo de manhã para trabalhar. Não é perfeito, mas neste momento está funcionando para nós.

6. Quais são os seus três livros favoritos para as mães que acreditam?

Stacey O *chamado de Jesus*, de Sarah Young. Eu amo esse devocional, porque ele é escrito da perspectiva de Jesus para o leitor. Acho que essa é uma leitura diária perfeita para quando a vida está uma loucura. Também amo os textos bíblicos listados no final de cada leitura diária.

Ministry of motherhood [O ministério da maternidade], de Sally Clarkson. Esse foi o primeiro livro que eu li que me ajudou a ver a maternidade como um ministério de discipulado.

Eu me dei conta de que Jesus entendia a minha vida como mãe e que o treinamento que ele deu aos doze discípulos se parecia muito com o meu treinamento diário e a moldagem das minhas meninas.

À procura de Deus, de A. W. Tozer. Esse livro não é exatamente para as mães. Mas eu acho que precisamos nos lembrar de quem somos como mulheres de Deus, em primeiro lugar. A linguagem desse livro é um pouco rebuscada e muitas vezes tenho de reler as frases algumas vezes. Mas ele rapidamente toca fundo no coração e vai encorajá-la grandemente. Estudei esse livro com um grupo de mães alguns anos atrás e, apesar de elas a princípio ficarem céticas, ele se tornou o livro favorito delas. Esse é um dos livros que eu li várias vezes.

Brooke *Vida simples, vida plena*, de Ann Voskamp. Esse livro é de poesia, mas é muito mais que isso. No desgaste do dia a dia de ser mãe, nós mantemos viva a chama da esperança, decidindo ser gratas pelas coisas boas da nossa vida. Esse livro ensina como fazer isso. É simplesmente lindo.

Pais fracos, Deus forte: criando filhos na graça de Deus, de Elyse Fitzpatrick. Esse livro não oferece um tipo de graça piegas que "deixa os seus filhos se livrarem de todas as consequências". É um olhar profundo, desafiador e condenatório sobre como a graça de Deus muda tudo, inclusive a forma de criarmos os nossos filhos.

O *poder de uma vida de oração*, de Paul Miller. Um olhar verdadeiro, honesto e corajoso sobre a oração. Ainda que não seja um livro sobre criação de filhos, o autor fala muito sobre quanto criamos melhor os nossos filhos de joelhos, e eu concordo de todo o coração.

2Coríntios 12.9

Mas ele me disse: A minha graça te é suficiente, pois o meu poder se aperfeiçoa na fraqueza. Por isso, de muito boa vontade me gloriarei nas minhas fraquezas, a fim de que o poder de Cristo repouse sobre mim.

João 16.33

Eu vos tenho dito essas coisas para que tenhais paz em mim. No mundo tereis tribulações; mas não vos desanimeis! Eu venci o mundo.

Isaías 41.10

Não temas, porque estou contigo; não te assustes, porque sou o teu Deus; eu te fortaleço, ajudo e sustento com a minha mão direita fiel.

Filipenses 4.13

Posso todas as coisas naquele que me fortalece.

Gálatas 6.9

E não nos cansemos de fazer o bem, pois, se não desistirmos, colheremos no tempo certo.

Salmo 121.1-4

Elevo meus olhos para os montes; de onde vem o meu socorro? Meu socorro vem do SENHOR, *que fez os céus e a terra. Ele não permitirá que teus pés vacilem; aquele que te guarda não se descuida. É certo que o guarda de Israel não se descuidará nem dormirá.*

Salmo 103.2-5

Ó minha alma, bendize o SENHOR, *e não te esqueças de nenhum dos seus benefícios. É ele quem perdoa todas as tuas iniquidades, quem sara todas as tuas enfermidades, quem resgata da cova a tua vida, quem te coroa de amor e de misericórdia, quem te supre de todo bem, de modo que tua juventude se renova como a da águia.*

Mateus 11.29,30

Tomai sobre vós o meu jugo e aprendei de mim, que sou manso e humilde de coração; e achareis descanso para a vossa alma. Porque o meu jugo é suave, e o meu fardo é leve.

Hebreus 13.20,21

O Deus de paz, que pelo sangue da aliança eterna trouxe dentre os mortos nosso Senhor Jesus, o grande pastor das ovelhas, vos aperfeiçoe em toda boa obra, para fazerdes a sua vontade, realizando em nós o que perante ele é agradável, por meio de Jesus Cristo, a quem seja a glória para todo o sempre. Amém.

Salmo 116.2

Inclina seu ouvido para mim; eu o invocarei enquanto viver.

Salmo 31.1-5

SENHOR, eu me refugio em ti; que eu não me frustre; livra-me pela tua justiça! Inclina teus ouvidos para mim, livra-me depressa! Sê minha rocha de refúgio, uma fortaleza poderosa para me salvar! Porque tu és a minha rocha e a minha fortaleza; guia-me e encaminha-me por causa do teu nome. Tira-me do laço que me armaram, pois tu és o meu refúgio. Entrego o meu espírito nas tuas mãos; tu me remiste, ó SENHOR, Deus da verdade.

Salmo 91.1,2

Aquele que habita no esconderijo do Altíssimo e descansa à sombra do Todo-poderoso diz ao SENHOR: Meu refúgio e minha fortaleza, meu Deus, em quem confio.

Salmo 55.22

Entrega tuas ansiedades ao SENHOR, e ele te dará sustentação; nunca permitirá que o justo seja abalado.

2Timóteo 1.7

Porque Deus não nos deu espírito de covardia, mas de poder, de amor e de moderação.

João 14.27

Deixo-vos a paz, a minha paz vos dou. Eu não a dou como o mundo a dá. Não se perturbe o vosso coração nem tenha medo.

João 3.30

É necessário que ele cresça e eu diminua.

Tiago 4.8

Achegai-vos a Deus, e ele se achegará a vós.

Jeremias 29.11

Pois eu bem sei que planos tenho a vosso respeito, diz o SENHOR*; planos de prosperidade e não de mal, para vos dar um futuro e uma esperança.*

O manifesto da mãe exausta

Creio que os planos de Deus para mim são bons. Portanto, hoje eu me comprometo a nunca desistir da minha família e nunca desistir da capacidade de Deus agir no coração de cada um dos seus integrantes. Com a ajuda dele, darei o próximo passo de fé mesmo quando sentir que não consigo, porque ele é o Deus de milagres.

- Nome: ______________________________
- Testemunha: ______________________________
- Data: ______________________________

Jesus nos amou para o arrependimento. Ele nos amou enquanto ainda estávamos nos afogando no nosso pecado. Ele nos vê, nos ama e promete redimir os nossos erros se nos abrirmos para ele (Jo 3.16).

Todas nós pecamos e fazemos confusão. Não existe mãe perfeita em lugar nenhum e, se existe alguma que diz que é, ela está mentindo. Quando você olhar para outras mães, outras mulheres, decida acreditar que elas são mais parecidas do que diferentes de você. Nós não temos de nos equiparar. Recuse-se a permitir que a voz do inimigo (que só quer matar, roubar e destruir você) seja a voz que você ouve mais alto. Preencha a sua mente e o seu coração com a palavra. Que a voz de Deus seja a única que você vai alimentar. Ele veio para lhe dar vida abundante (Rm 3.23; Jo 10.10).

Reconheça que você precisa de Jesus e convide-o para fazer parte da sua vida. Ele está batendo na porta do seu coração e quer fazer parte da sua vida — até das partes bagunçadas. Criar filhos não é um ato individual. Assim como é necessário que o Deus criador sopre vida no nosso ventre, é necessário que o Deus redentor transforme os corações de pedra em corações de carne (Ap 3.20; Ez 36.26).

Cresça no seu relacionamento com Jesus todos os dias. Separe um tempo regular para renovar a sua força com o Senhor. Medite na sua palavra e permita que a sua verdade mude a forma de você agir, a forma de você acreditar. Decida acreditar que ela é verdadeira e ande em obediência a ela todos os dias. Se você precisar de ajuda prática para fazê-lo, visite os *blogs* da Stacey ou da Brooke. Nós duas falamos regularmente sobre vivenciar a fé (Rm 12.1,2; Cl 3.16,17).

Escolha amá-lo e segui-lo, custe o que custar. Espere tempos difíceis e escolha a quem você vai servir nesse dia. Quando as coisas não vão do jeito que você quer, agarre-se ainda mais forte no Deus que nunca muda, o mesmo Deus que abriu mão do seu Filho para que você pudesse encontrar perdão do pecado (Js 24.15; Hb 12.1,2; 13.8).

Se você ainda não tem uma igreja local, encontre uma. Nós precisamos de outros cristãos para andar conosco e viver em comunidade ao crescermos para ser mais parecidas com Jesus. Eles precisam de nós também. Não fomos feitas para ficar sozinhas (1Co 12.27; Hb 10.24,25).

Conversas à mesa da cozinha

Ideias para PEQUENOS GRUPOS com guia de estudo

Vimos uma linda imagem de mães exaustas caminhando juntas algum tempo atrás em Austin, no estado do Texas. Elas chegaram à cidade em grupos de duas ou três, com suas bolsas para bebês e seus filhos. Algumas mães entraram sozinhas e escolheram ansiosamente um lugar para sentar de uma das sete mesas que ocupavam a sala. Cada uma das mesas estava decorada com flores e chocolate de um jeito supercuidadoso. Várias mulheres estavam espalhadas pela sala, esperando de coração e braços abertos prontos para abraçar. As mães suspiravam profundamente de alívio enquanto as crianças eram acomodadas com segurança nas classes para cada faixa etária. A comida foi servida no estilo de bufê com café bem quente. Todas se acomodaram em seus lugares, prontas para começar a primeira *Conversa à mesa da cozinha*. Todos os olhos se voltaram para Brooke e depois para mim, e eu (Stacey) orei baixinho: "Senhor, só tu podes preencher o coração delas. Fala através de nós. Usa as nossas histórias e as nossas palavras. Traze esperança para essas mulheres hoje".

Conforme começamos a compartilhar, as mulheres se acalmaram um pouco nas suas cadeiras. Algumas tomavam notas. Outras enxugavam os olhos com os lencinhos de papel gentilmente colocados nas mesas. Deus honrou a sua palavra mais uma vez: *Pois onde dois ou três se reúnem em meu nome, ali estou no meio deles* (Mt 18.20). Ele veio até nós como chuva e molhou os lugares secos. Ele agiu dentro do nosso coração e por meio dele, e fez exatamente o que prometeu que faria. A sua presença nos fez lembrar que não estamos sozinhas, e as mesas cheias testificam que temos irmãs com que podemos caminhar nos dias desgastantes que às vezes a maternidade nos traz.

A coisa mais incrível aconteceu em Austin perto do fim da nossa primeira *Conversa à mesa da cozinha*. Demos tempo para as mulheres abrirem o coração e conversarem sobre algumas perguntas para discussão em suas mesas. O que começou como um leve bate-papo se transformou numa discussão animada entre amigas. Elas falaram muito. Riram juntas e criaram laços pelas semelhanças das suas histórias. Corações foram conectados. Na verdade, tivemos de interrompê-las para encerrar o nosso tempo juntas. As mães exaustas deram as mãos e começaram a caminhar juntas. Elas fizeram como na brincadeira da lata de sardinhas, e foi lindo.

Nós também gostaríamos de lhe dar as ferramentas para dirigir a sua própria *Conversa à mesa da cozinha* apresentando a *Mãe 24 horas*. Você pode usar o guia de estudo a seguir para ter encontros semanais, ou tirar uma manhã como nós fizemos para apresentar partes específicas do livro. Independentemente de como decidir fazer, a nossa oração é que você ache esse guia útil.

DICAS PARA ELABORAR UM ESTUDO SIGNIFICATIVO E BEM ORGANIZADO

1. Assim que você decidir liderar um grupo de estudo do livro *Mãe 24 horas*, comece a orar pelas participantes. Peça que o Senhor traga as pessoas certas para o grupo e prepare o coração delas para o que ele quiser realizar neles. Continue a orar por elas ao longo do seu tempo juntas.
2. Comece e termine no horário, consciente de que o tempo é valioso para cada participante do seu grupo. Avise-as no primeiro encontro que você deseja fazer isso.
3. Cuide de começar e terminar em oração e sempre peça para o grupo trazer pedidos de oração. Contudo, você pode

pensar em estabelecer um sistema para ajudar a controlar a quantidade de tempo gasto com os pedidos de oração. Por exemplo, talvez você pudesse pedir que cada uma das mulheres do seu grupo viesse para o estudo com os seus pedidos para a semana já escritos numa ficha pautada. Peça que as participantes troquem as fichas, orem pelos pedidos em voz alta e se comprometam a orar a semana toda pela participante que é a dona da ficha.

4. Certifique-se de que todas as mulheres tenham um exemplar do livro *Mãe 24 horas*, que está disponível no *site* da Editora Hagnos. Se alguma mulher do seu grupo precisar de ajuda financeira para comprar o livro, busque ajuda em sua igreja para lhe dar assistência.
5. Decida de antemão como você vai lidar com as situações difíceis que possam se levantar dentro do grupo. Se precisar de ajuda para administrar conflitos, converse com o seu pastor antes de começar o grupo e pergunte como ele gostaria que você resolvesse isso. Lembre-se sempre de seguir as diretrizes de Mateus 18 quando estiver lidando com conflitos.
6. Sinta-se à vontade para usar a riqueza de material do *blog Mãe 24 horas* para complementar a sua leitura ao longo do estudo e se conectar com outras mães que lideram algum estudo ou que apenas estão lendo o livro.
7. Certifique-se de providenciar lencinhos de papel para cada reunião.
8. Decida previamente se você vai fornecer lanches ou se gostaria que uma participante por vez trouxesse alguma coisa para a reunião.
9. Faça uma lista com os números de telefone e certifique-se de que todas do grupo tenham alguma forma de entrar em contato com você.
10. Em cada capítulo, você encontrará os itens de apoio a seguir: Passagem bíblica em foco, Quebra-gelo, Perguntas para

discussão em pequeno grupo e Ponto de ação. Eles estão aqui para guiá-la, mas, por favor, sinta-se à vontade para adicionar ou tirar como você achar melhor.

11. Divirta-se!

IDEIAS PARA PEQUENOS GRUPOS COM GUIA DE ESTUDOS

Capítulo um

QUANDO VOCÊ SÓ CONSEGUE ENXERGAR A SUA FRAQUEZA

- **Passagem bíblica em foco:** *Mas ele me disse: A minha graça te é suficiente, pois o meu poder se aperfeiçoa na fraqueza. Por isso, de muito boa vontade me gloriarei nas minhas fraquezas, a fim de que o poder de Cristo repouse sobre mim. Por isso, eu me contento nas fraquezas, nas ofensas, nas dificuldades, nas perseguições, nas angústias por causa de Cristo. Pois, quando sou fraco, então é que sou forte* (2Co 12.9,10).
- **Quebra-gelo:** Você tem alguma história engraçada sobre alguma vez que ficou sem saída como mãe? Compartilhe com o grupo e riam juntas.

PERGUNTAS PARA DISCUSSÃO EM PEQUENO GRUPO

1. A que você recorre quando precisa de alívio? Você consegue se identificar com a história que Brooke compartilhou neste capítulo sobre se sentir completamente sobrecarregada?
2. Você chegou ao ponto de quebrantamento total? Como foi isso para você?
3. Qual a fraqueza que faz você constantemente sentir que não é boa o bastante? Quais as coisas que você se surpreende falando de si mesma por causa dessa fraqueza (quando fala sozinha)?
4. Qual o seu grau de dificuldade para ouvir a voz de Deus no seu dia a dia?
5. Você assumiu o desafio do "Manifesto da mãe exausta"? Em caso positivo, conte a uma amiga.

- **Ponto de ação:** Comprometa-se em oração hoje a entregar a Deus as suas áreas de fraqueza. Depois peça que ele mostre a competência dele em você por causa delas.

Capítulo 2

QUANDO VOCÊ SE PRENDE AO QUE VOCÊ NÃO É

- **Passagem bíblica em foco**: *Pois fomos feitos por ele, criados em Cristo Jesus para as boas obras, previamente preparadas por Deus para que andássemos nelas* (Ef 2.10).
- **Quebra-gelo**: Encontre um teste de personalidade curto que descreva se você é introvertida ou extrovertida. Converse sobre os resultados em pequeno grupo.

PERGUNTAS PARA DISCUSSÃO EM PEQUENO GRUPO

1. Traga à memória o tempo antes de ter filhos. Quais eram alguns dos sonhos que você tinha para a sua vida?
2. Quando foi a última vez que você se concentrou em desenvolver os seus pontos fortes?
3. Com que frequência você se surpreende comparando os seus pontos fortes com os de outra mãe e desejando que tivesse mais dos dela?
4. Qual o tipo de personalidade que se encaixa melhor com você? Descreva como os traços de caráter associados com esses tipos de personalidade a afetam como pessoa.
5. Reflita sobre 1Coríntios 12.14,17-21. Que papel você desempenha no corpo de Cristo? O que você pode fazer para desenvolver isso e permitir que Deus a use de forma mais efetiva nessa área?

- **Ponto de ação**: No fim do capítulo, Brooke fala para você encontrar uma forma de ficar plena. Parte disso acontece ao aprendermos mais sobre quem somos e como Deus nos fez. Mas a maior parte acontece ao confiarmos em Deus o bastante para permitir que ele preencha as nossas lacunas. De que forma você pode confiar efetivamente que Deus vai cuidar dos seus pontos fracos hoje?

Capítulo 3

Confrontando Carol

- **Passagem bíblica em foco:** *Vinde a mim, todos os que estais cansados e sobrecarregados, e eu vos aliviarei* (Mt 11.28).
- **Quebra-gelo:** Descreva a mãe da televisão que você mais deseja ser (ou que talvez tenha fracassado ao tentar).

PERGUNTAS PARA DISCUSSÃO EM PEQUENO GRUPO

1. Há áreas na sua vida nas quais você tem dificuldade constantemente? Talvez seja a louça se acumulando absurdamente ou as roupas por lavar parecendo uma montanha. Quando você olha para esses sinais visíveis de dificuldade, quais são as primeiras palavras que vêm à sua mente?
2. O que você pensou é realmente verdade? Se Deus lhe falasse como se sentir a seu respeito baseado nessas áreas de dificuldade, a voz dele seria a mesma que você ouve na sua cabeça?
3. Com que frequência você se surpreende comparando a sua casa, o seu emprego, o seu orçamento ou a criação dos seus filhos com os de outra pessoa?
4. Nós listamos versículos de esperança para a mãe exausta no final deste livro. Na próxima vez que você for tentada a pensar que está completamente sozinha no seu caos, ou que todo mundo está fazendo um trabalho melhor nesse papel de criar filhos, sente-se, feche a porta e deixe que a verdade da palavra de Deus seja derramada sobre você.
5. Você está disposta a deixar que outras pessoas se envolvam com a sua história?

- **Ponto de ação:** Crie os seus próprios versos de esperança e coloque-os num lugar onde possa vê-los todos os dias. Compartilhe-os com outra mãe e comece a criar a sua lata de sardinhas hoje olhando para cima e não se comparando.

Capítulo 4

A MARATONA DA MATERNIDADE

- Passagem bíblica em foco: O SENHOR *guerreará por vós. Por isso, acalmai-vos* (Êx 14.14).
- Quebra-gelo: Qual o seu lanche favorito? Compartilhe a receita ou, melhor ainda, traga um pouco para o estudo bíblico!

PERGUNTAS PARA DISCUSSÃO EM PEQUENO GRUPO

1. Se você tem filhos pequenos ou grandes, compartilhe qual a parte mais difícil de ser mãe de crianças nessa idade em particular.
2. De que forma você mudou ou amadureceu desde que se tornou mãe?
3. A palavra de Deus foi escrita para nos dar esperança e nos instruir para a vida. Compartilhe um versículo a que você se apega e que acende a esperança no seu coração.
4. Você está num ponto em que precisa "levantar acampamento" e seguir em frente? Que passo você pode dar hoje para fazê-lo com fé?

- Ponto de ação: Os corredores costumam manter um diário de cada uma das suas corridas. Nesta semana, escreva um relatório sobre como você correu como mãe. Procure especificamente pelos lampejos do plano, do ritmo e da provisão de Deus para você.

Capítulo 5

Redimindo a culpa de mãe

- **Passagem bíblica em foco:** *Porque pela graça sois salvos, por meio da fé, e isto não vem de vós, é dom de Deus; não vem das obras, para que ninguém se orgulhe* (Ef 2.8,9).
- **Quebra-gelo:** Cite uma coisa pela qual você tentou fazer a sua mãe se sentir culpada quando você era criança. Ela já se esqueceu de buscá-la na escola? Você era a única criança que não podia comer assistindo à TV ou que levava na lancheira coisas sem graça para trocar na hora do recreio?

PERGUNTAS PARA DISCUSSÃO EM PEQUENO GRUPO

1. O que causa culpa de mãe na sua vida? Como isso está aumentando o sua exaustão?
2. Quando arrancamos as mentiras pela raiz, é importante identificar a primeira mentira que temos tendência para aceitar. A minha é "Deus não sabe o que está acontecendo na minha vida. Por isso eu tenho de cuidar das questões com as minhas próprias mãos". Você pode imaginar quanto problema isso me causa. Hoje, você teria coragem de compartilhar a primeira mentira que você tem tendência para acreditar?
3. Qual das verdades recheadas de graça na seção "Reivindicando a sua liberdade" fala de forma mais direta ao seu coração? Por quê?
4. Eu acredito que essa é uma área enorme com a qual muitas mães (inclusive eu) lutam. Como podemos orar para que você experimente a liberdade de Deus na área em que está experimentando a culpa de mãe?

- **Ponto de ação:** Vamos edificar outras mães, em vez de derrubá-las, como demonstrado neste capítulo. Encontre uma mãe que você possa encorajar com a verdade deste capítulo e relembrá-la de que "A culpa não tem espaço no lugar da graça".

Capítulo 6

QUANDO AS PALAVRAS AMÁVEIS NÃO VÊM À BOCA

- Passagem bíblica em foco: *Mas eu confio na tua misericórdia; meu coração se alegra na tua salvação. Cantarei ao* SENHOR, *porque ele me tem feito muito bem* (Sl 13.5,6).
- Quebra-gelo: Escolha três pessoas para encenar uma ilustração rápida. Duas devem ficar em pé num canto da sala fingindo que estão conversando. Dê a uma delas um copo descartável cheio de água. Peça para a terceira pessoa andar na direção das outras duas, como se fosse se juntar à conversa, mas se desviar no último segundo, batendo no copo de água na mão da outra pessoa.

  Depois de limpar a bagunça, a líder do grupo deve discutir por que a água derramou no chão. Foi porque a pessoa número três era desastrada e a derramou no chão? Ou foi por que, antes de tudo, havia água no copo? Se não houvesse água no copo, não haveria água no chão. A líder do grupo deve debater como isso representa o princípio de que "o que está no coração vem para fora".

PERGUNTAS PARA DISCUSSÃO EM PEQUENO GRUPO

1. Existem coisas que os seus filhos fazem que causam em você uma reação física e emocional imediata?
2. Você já castigou o seu filho por ter feito uma coisa que tinha muito mais a ver com *você* do que com ele?
3. Você já desejou que Deus estalasse os dedos e fizesse todos os seus pecados (e os pecados dos seus filhos) desaparecerem?
4. Por que você acha que Deus não faz isso com mais frequência?
5. Você já pensou que as suas circunstâncias não são o que a fazem deixar de usar palavras amáveis, mas o que já está no seu coração?

- Ponto de ação: Faça uma cópia do esquema "sentir, saber, fazer" e pendure-a em algum lugar que possa ver quando for mais provável que você deixe de usar palavras amáveis.

Capítulo 7

QUANDO VOCÊ TEM VONTADE DE CORRER E SE ESCONDER

- **Passagem bíblica em foco**: *Porque os olhos do SENHOR passam por toda a terra, para que ele se mostre forte para com aqueles cujo coração é íntegro para com ele* (2Cr 16.9).
- **Quebra-gelo**: Qual a sua cor preferida de esmalte de unha? Você gosta de passar um dia no *spa*? Compartilhe o que mais gosta de fazer para dar uma escapada rápida.

PERGUNTAS PARA DISCUSSÃO EM PEQUENO GRUPO

1. De que forma você se identificou com a definição de "exaustão"?
2. O que você ama fazer para aliviar o estresse?
3. Com que frequência você se retira para obter conforto na palavra de Deus?
4. Tanto Maria quanto Ester correram para Deus e a esperança que ele dá. De que maneiras você pode fazer o mesmo no seu dia a dia?

- **Ponto de ação**: Se você ainda não tem uma rotina de hora silenciosa, faça o compromisso de criar uma. Tente levantar quinze minutos mais cedo que o normal para ler um salmo e um provérbio por dia. Peça para outra mãe ser a sua cobradora.

Capítulo 8

QUANDO A VIDA MACHUCA ALÉM DA CONTA

- **Passagem bíblica em foco:** *Simão Pedro respondeu-lhe: Senhor, para quem iremos? Tu tens as palavras de vida eterna. E nós cremos e sabemos que tu és o Santo de Deus* (Jo 6.68,69).
- **Quebra-gelo:** Façam uma caixa de oração juntas. Avise sobre essa atividade na reunião da semana anterior e peça para todas trazerem uma caixa de receitas pequena com fichas pautadas. Gaste cerca de quinze minutos com isso e então deixe que todas terminem em casa.

PERGUNTAS PARA DISCUSSÃO EM PEQUENO GRUPO

1. Você passou por momentos difíceis no passado? Compartilhe algumas das coisas pelas quais você tem passado ultimamente... suas mágoas, perdas ou desilusões.
2. É fácil dizer que acreditamos que Deus é bom e que ele sempre quer o nosso bem, mas, quando as horas difíceis chegam, a verdade do que nós realmente cremos costuma indicar uma coisa totalmente diferente. Você já viveu algum momento em que questionou tudo o que sabia que era verdade sobre Deus? Compartilhe essa experiência.
3. Se algum dia você decidisse se afastar de Jesus, para onde iria?
4. Imagine a vida sem a verdade da Bíblia. Como seria a sensação de passar pela vida sem o amor de Deus e a sua palavra para guiá-la?
5. Você já decidiu que Jesus tem as palavras de vida eterna? O que isso quer dizer quando a vida não segue do jeito que você quer que ela siga?

- **Ponto de ação:** Comece a usar a sua caixa de oração nesta semana. Acrescente novos pedidos no decorrer da semana.

Capítulo 9

Quando o mundo pressiona

- **Passagem bíblica em foco**: *Eu vos mostrarei a quem é semelhante aquele que vem a mim, ouve as minhas palavras e as pratica: É semelhante ao homem que, edificando uma casa, cavou, abriu uma vala profunda e pôs os alicerces sobre a rocha; e, vindo a enchente, a torrente bateu com ímpeto contra aquela casa e não a pôde abalar, pois havia sido bem construída* (Lc 6.47,48).
- **Quebra-gelo**: Fale de que formas o Manifesto da mãe exausta do estudo da semana passada impactou a forma de você ver os seus filhos nesta semana.

PERGUNTAS PARA DISCUSSÃO EM PEQUENO GRUPO

1. Neste capítulo, Brooke reconhece que existem mães que passam por uma exaustão além do desgaste normal do dia a dia que a maioria de nós experimenta; para ilustrar os seus pontos, ela usa história de uma mãe que perdeu o filho de uma maneira traumática. Mas é importante notar que o trauma não se define apenas pela morte. Talvez você tenha precisado dizer adeus a um sonho. Talvez o seu filho precioso tenha nascido com limitações que tornam a vida mais desafiadora para você do que para os outros. Ou pode ser que você esteja criando os seus filhos sozinha. Todas essas situações se encaixam no reino da exaustão descrito nesse capítulo. Descreva a fonte da sua exaustão para o grupo.
2. Uma das coisas mais importantes que ajudou Tracey enquanto lutava para permanecer firme pela perda do seu filho foi uma fundação preestabelecida de verdade e amor em Cristo. O que você pode fazer a partir de hoje para continuar o processo de fortalecimento da sua fé?
3. Nem todas as pessoas têm condição, ou mesmo desejo, de viver numa cidade pequena, mas todos nós podemos

ter um pouco da "mentalidade de cidade pequena" em como nos abrimos para os relacionamentos. Como você está investindo nas pessoas que Deus trouxe para dentro da sua vida? O que você pode começar a fazer de um jeito diferente, que vai fortalecer os seus relacionamentos?

4. Quando estamos passando por um trauma importante, pode ser tentador deixar de falar com Deus, porque não confiamos nele tanto quanto costumávamos fazer. Você já passou por um período como esse? Em caso positivo, descreva como se sentia.
5. Para você, é fácil ou difícil saber que existe vida depois da perda? Você acha que o incentivo e o testemunho pessoal de Tracey lhe dão esperança para quando esse dia chegar?

- **Ponto de ação:** Decida o que você pode começar a fazer nesta semana para fortalecer a sua fé e levar o seu relacionamento com Deus ao próximo nível.

Capítulo 10

DEIXANDO DE SER UMA MULHER EXAUSTA PARA SER UMA ADORADORA

- **Passagem bíblica em foco**: ... *ordenar que se dê uma coroa em vez de cinzas, óleo de alegria em vez de pranto, vestes de louvor em vez de espírito angustiado aos que choram em Sião; a fim de que se chamem carvalho de justiça, plantação do* SENHOR, *para que ele seja glorificado* (Is 61.3).
- **Quebra-gelo**: Qual o seu hino ou cântico de adoração preferido? Explique para o grupo o que a letra significa para você e por que você ama essa música.

PERGUNTAS PARA DISCUSSÃO EM PEQUENO GRUPO

1. Você já quis simplesmente ir embora?
2. Cite uma forma pela qual você abandona "emocionalmente" quando está mais exausta.
3. Algumas pessoas pensam que o único lugar onde se pode adorar é na igreja. Mas isso não é verdade! Deus, por causa de Jesus, está disponível em qualquer lugar, a qualquer hora, para o seu povo! Compartilhe em que lugares práticos do dia a dia você já adorou durante a loucura do seu dia. (Exemplo: do lado de fora da sua casa, sozinha no banheiro, à noite na cama, na frente da árvore de Natal etc.)
4. Cite alguma coisa pela qual você quer agradecer hoje.
5. Qual o jeito de criar uma margem na sua própria vida?

- **Ponto de ação**: Pense numa área da sua vida em que você pode deixar de ser uma mulher exausta e se tornar uma adoradora (gratidão, margem, encontrar uma música para cantar). O que você precisa fazer nesta semana para dar um passo na direção de Jesus?

Capítulo 11

QUANDO VOCÊ PRECISA DE ESPERANÇA IMEDIATAMENTE

- **Passagem bíblica em foco:** *Que o Deus da esperança vos encha de toda alegria e paz na vossa fé, para que transbordeis na esperança pelo poder do Espírito Santo* (Rm 15.13).
- **Quebra-gelo:** De qual personagem da turma do Charlie Brown você mais gosta?

PERGUNTAS PARA DISCUSSÃO EM PEQUENO GRUPO

1. Você já sentiu que, quanto mais velha fica, menos organizada se torna? O que acha que contribui para esse fenômeno?
2. Como é o caos no seu coração?
3. Como você se sente ao saber que Deus dá mais importância para trabalhar no seu coração do que para mudar as suas circunstâncias?
4. Ajuda saber que *Mãe 24 horas* foi escrito por duas mães ainda na batalha? Não mães profissionais, que estão do outro lado da jornada, mas mães em meio ao caos assim como você.
5. Quando foi a última vez que você admitiu para Deus com honestidade quanto está realmente exausta? Como você acha que ele lidaria com a notícia?

- **Ponto de ação:** Copie a oração do capítulo 11, ou escreva outra para você, derramando o seu coração para Deus.

Recursos para a mãe exausta*

Nós fizemos uma lista de recursos *on-line* maravilhosos só para você. Reserve alguns minutos para conferir. A nossa oração é que eles lhe tragam esperança.

Blog para mães de meninas:
<www.mothersofdaughters.com>
Blog da sociedade MOB (para mães de meninos):
<www.themobsociety.com>
Blog da Stacey: <www.staceythacker.com>
Blog da Brooke: <www.brookemcglothlin.com>
Mãe 24 horas no Facebook:
<www.facebook.com/hopefortheswearymom>
O esquadrão MOD (das mães de meninas) no Facebook:
<www.facebook.com/ModSquadMoms/>
A sociedade MOB (das mães de meninos) no Facebook:
<www.facebook.com/themobsociety>
Lutando por esses meninos difíceis de lidar:
Um desafio de Brooke de cinco dias em
<www.prayingforboys.com/challenges>

* [NE] Mesmo que os recursos listados aqui estejam em inglês consideramos que são oportunos para as mães brasileiras. E inclusive porque não encontramos recursos equivalentes em português.

Ele é o meu resgate

STACEY

Por isso, dize aos israelitas: Eu sou o Senhor. *Eu vos tirarei do trabalho forçado sob os egípcios, vos livrarei da escravidão e vos resgatarei com braço estendido e com grandes feitos de juízo* (Êx 6.6).

Imagino que houve dias em que Israel clamou por socorro nos desertos da escravidão no Egito. Deve ter havido vezes em que o povo se esforçou para não olhar para o horizonte se perguntando quando o socorro chegaria. Também pode ter havido dias em que ele se esqueceu da promessa e simplesmente foi cuidar, sem esperança, do seu trabalho exaustivo.

Mas Deus nunca se esqueceu. Pela perspectiva dele, ele não estava atrasado em cumprir a sua promessa. Estava chegando com poder e grandes atos de julgamento. Ele tinha um plano e nem por um minuto sequer pensou em fazer qualquer coisa diferente.

Um dia, a minha amiga Robin precisou de um resgate. No nosso último ano na Universidade de Indiana, ela estava indo a pé para casa durante a nevasca do século. As probabilidades não estavam a seu favor ao subir a rua em direção ao apartamento que chamávamos de lar, na neve de rachar trazida pelo vento.

O que ela não sabia, e que eu não consegui avisar nos dias antes de existir o celular, era que eu estava indo me encontrar com ela. Eu tinha saído mais cedo do trabalho e sabia que Robin sairia logo da aula. Eu sabia o caminho que ela fazia e decidi voltar de carro para o apartamento a fim de encontrá-la.

Ela estava sendo levada pela tempestade, enquanto eu estava numa missão de resgate. Ela não tinha ideia de que o resgate estava chegando, e essa era a melhor parte do meu plano.

Segui lentamente, descendo pelas ruas de mão única, no meu carrinho vermelho, forçando a vista para encontrá-la. Onde ela estava naquele mar branco? Será que ela havia pegado o ônibus?

Finalmente, vi o seu vulto todo embrulhado a distância, caminhando devagar, com dificuldade, no meio da neve que caía rapidamente. Fiquei tão entusiasmada por encontrá-la que comecei a tocar a buzina bem alto. Eu tocava euforicamente.

Enquanto isso, Robin estava com frio, molhada, cansada e possivelmente um pouco irritada. Ela ouviu um barulho atrás dela que parecia um motorista detestável. Eu ainda estava um pouco longe, e ela não tinha a menor ideia que era eu. Ela ficou ainda mais incomodada com a situação.

Quando finalmente se cansou das minhas buzinadas, ela se virou de corpo todo (porque é preciso encarar o fato de que ela usava cinco camadas de roupa e não conseguia virar só a cabeça) e me viu pela primeira vez.

O olhar no seu rosto não tinha preço. Mudou instantaneamente de irritação para alegria avassaladora. Ela estava sendo resgatada e sabia disso. Mesmo depois de vinte anos, eu ainda tenho a lembrança viva daquele dia. Resgatar é muito legal.

Existem muitos dias como mãe que eu me lembro de clamar que o meu resgatador venha e me traga esperança. Eu o relembro dos milhares de vezes que ele prometeu nunca me deixar. Mas também existem muitos dias, em que estou soterrada fazendo o almoço, lavando roupas e a louça, em que não clamo. Sou como um escravo de Israel que esqueceu que Deus sempre cumpre as suas promessas e que o resgate está chegando.

Assim como a minha amiga Robin não conseguia ver o seu resgate pela minha perspectiva, eu não consigo ver pela dele perspectiva de Deus. Ele está vindo na minha direção — tudo dentro do seu tempo perfeito. Ele está vindo com os seus olhos cravados em mim o tempo todo. Quando os meus olhos encontram os dele, um alívio e uma alegria avassaladores transbordam.

- Ele é o nosso resgate.
- Ele sempre foi.
- Ele sempre será.
- Mesmo quando os nossos olhos exaustos não puderem ver que ele está chegando.

Pergunta: Quando você mais precisa de resgate? Você acredita que a promessa que ele fez de nos resgatar também é para você?

Ele ora por você

BROOKE

E rogo não somente por estes, mas também por aqueles que virão a crer em mim pela palavra deles (Jo 17.20).

Eu assumi um compromisso de fé quando tinha apenas 9 anos de idade. Com os olhos arregalados e tremendo no frio do batistério, balancei a cabeça concordando conforme o pastor da minha pequena igreja batista me perguntava se eu tinha decidido entregar o meu coração para Jesus. Depois que acabou tudo, a minha mãe e um grupo de senhoras muito queridas da igreja me levaram para uma sala da igreja para me secar, me aquecer e me deixar apresentável. Fiquei sentada num dos bancos da igreja pelo resto do sermão com o cabelo molhado e o coração aquecido, porque eu sabia que tinha acabado de fazer uma coisa muito importante... algo que definiria o curso do resto da minha vida.

A verdade é que eu não me lembro de nenhum dia sequer sem que estivesse pelo menos consciente da presença de Deus em algum nível. Desde a tenra idade de 9 anos (e talvez até antes), eu sabia que Deus tinha um plano para a minha vida, acreditava que ele era bom e sentia que ele estava cuidando de mim. Mas, apesar dessas coisas — de me batizar, acreditar, saber —, só comecei a andar perto dele quando estava prestes a completar 21 anos de idade.

UM COPO SUJO

Por doze anos usei bem o título de *cristã*, mas, se você olhasse dentro do meu coração, não veria muita coisa para provar isso.

Gosto de me chamar de "fariseia", porque na verdade era isso o que eu era. Jesus descreve esse estado do coração quando está falando com os líderes religiosos do seu tempo em Mateus 23.25: *Ai de vós, escribas e fariseus, hipócritas! Porque limpais o exterior do copo e do prato, mas por dentro estão cheios de roubo e cobiça.*

É doloroso pensar nisso, mas é muito claro que esse versículo descrevia o jeito em que eu estava vivendo — tentando seguir o meu próprio caminho enquanto mantinha Deus ao meu alcance. Eu sabia que as suas leis e os seus regulamentos deveriam me proteger, mas escolhi acreditar nos meus sentimentos — no que eu podia ver, provar, tocar e ouvir — em vez de na verdade da sua palavra.

Era a receita do desastre e uma coisa que me deixava completamente vulnerável diante do Deus a quem eu tinha me rendido enquanto era menina e a quem eu precisava me render novamente.

Mas acontece que o desastre que eu criei para mim mesma foi a melhor coisa que me aconteceu.

Sentei-me na minha cama no apartamento da faculdade, cercada de lembretes das minhas próprias tentativas de construir um reino que glorificasse a Brooke, e fiquei me perguntando como eu encontraria o caminho de volta. Ironicamente (ou talvez nem tanto), decidi fazer aulas sobre o Novo Testamento naquele semestre e lembrei que eu precisava fazer uma leitura no livro de João como dever de casa. Peguei a Bíblia que usava na sala de aula, abri no capítulo 17 de João e comecei a ler sobre as horas finais da vida de Jesus aqui na terra.

Do versículo 6 até o 19, Jesus ora pelos discípulos. Ele sabia das lutas que eles enfrentariam depois da sua morte e ressurreição e, com a sua própria vida por um fio, tomou tempo para cobri-los com oração, pedindo que o Pai os protegesse e guiasse bem. Mas o versículo 20 é diferente. Olhe comigo bem de perto...

E rogo não somente por estes, mas também por aqueles que virão a crer em mim pela palavra deles.

Amiga, você percebe de quem Jesus está falando nesse versículo? É de você. De mim. De cada pessoa que já creu, baseada no testemunho dos discípulos, na vida, morte e ressurreição de Jesus. De forma direta, em favor de cada crente que já viveu, vive e ainda virá à existência. E Jesus tomou tempo para orar por nós antes de morrer.

Ao ler essas palavras, o verdadeiro significado delas ficou claro, e um sentimento novo me banhou e afogou os sentimentos de desespero e falta de esperança que eu tinha acabado de experimentar alguns momentos antes.

Jesus orou por mim.

Por mim. Poucas horas depois daquela oração, ele enfrentaria uma das mortes mais horríveis já registradas — uma morte que era para mim, um sacrifício que deveria ser o castigo pelos meus pecados — e, em vez de se preocupar com ele mesmo, orou por mim.

Este é o verdadeiro significado da cruz: que o amor de Deus por nós é tão grande, a sua devoção por nós tão sincera, que ele enviou o seu único Filho para morrer na cruz e levar o castigo pelos nossos pecados. Ele é cheio de amor — um amor tão grande que está mais preocupado com o objeto do seu desejo (você e eu) mesmo diante da grande dor e tribulação, humilhação, acusações indevidas e morte.

Hoje, deixe que esse tipo de amor a banhe como fez comigo naquele dia no meu apartamento, há mais de quinze anos. Nos seus dias mais sombrios, aqueles em que você é tentada a se desesperar e imaginar se Deus realmente a ouve, realmente a vê, lembre-se que ele orou por você e, de acordo com as Escrituras, ainda ora (Hb 7.25).

> Pergunta: A maioria das pessoas ora pelos outros porque se importa com o que lhes acontece. Como você se sente por saber que Jesus se importou com você o bastante para orar pelo seu bem-estar?

PALAVRAS DE STACY E BROOKE PARA AS MÃES EXAUSTAS

STACEY

QUERIDA MÃE EXAUSTA

Querida mãe exausta,

Eu estou tão feliz que você esteja aqui.

Sei o que deve ter sido necessário para você vagar por esse caminho, e isso não é pouca coisa. Você pode estar se escondendo no banheiro com o celular ou de pé de madrugada alimentando o seu bebê. Talvez você esteja numa fila de carros esperando que os seus filhos sejam liberados da escola para o feriado. Como mãe exausta, nós sabemos que você está fazendo mil coisas neste exato momento.

Tenho pensado e orado por você. Se você estivesse aqui na vida real, eu lhe pediria para se sentar à mesa e provavelmente me desculparia pelos pratos na pia. É claro que você seria graciosa e diria: "Isso me faz sentir em casa". Eu fingiria que essa era a minha intenção. Prepararia um café rapidinho para nós duas e nos entenderíamos numa conversa sobre a vida e os filhos e quanto amamos lojas baratinhas.

As nossas histórias se conectariam, porque somos mães. Eu sei como é ter o coração andando fora do nosso corpo, ainda que estejamos tão cansadas a ponto de pagar rios de dinheiro a um completo estranho para nos deixar dormir seis horas seguidas. *Mães exaustas se entendem.*

No final, nós conversaríamos sobre Jesus, e eu pediria para orar por você e lhe diria que vamos conseguir porque não caminhamos sozinhas. Nós podemos lançar o nosso fardo bem aqui sobre o Verbo que se fez carne e podemos pedir que a força dele se aperfeiçoe na nossa fraqueza.

DO QUE UMA MÃE PRECISA

Uma mãe precisa sair. Ela precisa lembrar que, antes de ser mãe, era uma moça que conseguia conduzir uma conversa de adulto e comer uma refeição inteira sem ser interrompida. A culpa vai tentar impedi-la de lembrar, e o medo vai dizer que seria melhor que ela ficasse. Mas, a menos que encontre alimento para si mesma, ela não terá nada para oferecer aos outros. *E, verdade seja dita, eles vão acabar agradecendo porque ela saiu.*

Uma mãe precisa rir. Ela precisa rir alto e por muito tempo e não se desculpar por isso. Ela pode precisar rir de ser mãe ou de alguma coisa engraçada que os filhos disseram. Mas também é perfeitamente normal rir de falas hilárias de um filme. *Rir libera a tensão e a torna disponível para receber.*

Uma mãe precisa sonhar. Uma mãe que sonha vai criar filhos que sonham. Ela precisa se dar conta de que os seus sonhos importam para Deus, porque eles começaram com ele. *Se ela os entregar para ele e ouvir com atenção, ele lhe dará asas.*

Uma mãe precisa de amigas que a animem. Ela precisa ser capaz de chutar os sapatos para longe e conversar por muito tempo com alguma irmã querida comendo uma *pizza* e trocando histórias. O coração de uma mãe cresce dez vezes mais quando outra mãe olha para ela e diz: *Eu acredito no que Deus está fazendo aqui.*

Uma mãe precisa adorar. Ela precisa ser lembrada de que Deus é maior e mais profundo que qualquer coisa que quatro filhos possam oferecer. *Ela precisa levantar as mãos e entregar a sua pequenez nos braços do Pai gracioso que ama amá-la, por meio de uma música.*

Uma mãe precisa de uma palavra de desafio. A missão que nós chamamos de maternidade não é para os abatidos de coração, e a única coisa que vai nos fazer passar por cima disso é o próprio Verbo que se fez carne. As palavras dele trazem coragem. As palavras dele também trazem luz sobre os lugares escuros. *E um desafio bem apresentado nos reanimará para retomarmos a linha de frente com disposição.*

Uma mãe precisa voltar para casa. Ela precisa ouvir os seus filhos gritarem de alegria quando sai do táxi e sentir o calor da respiração deles na sua nuca enquanto a apertam tão forte que ela não consegue respirar. *Ela também precisa perceber que eles sobreviveram sem ela por alguns dias e, assim como é bom estar em casa, com certeza foi gostoso sair.*

MENINA DO SONHO ESTABELECIDO POR DEUS

Posso até ver você aí. Você está imaginando como será possível que o seu sonho ganhe asas quando parece que nem consegue acabar com a pilha de roupas por lavar no banheiro. Você deve estar pensando: "Eu sou louca de acreditar que o meu sonho tem importância".

Mas eu quero dizer que sim. O seu sonho tem importância por duas razões que você não pode questionar.

Em primeiro lugar, o sonho que você tem no coração foi colocado ali por aquele que conhece você melhor do que ninguém. Ele conhece os seus caminhos. Ele conhece os seus dons e as suas habilidades. Ele não se incomoda nem um pouco com a roupa suja que a persegue. *Os planos dele para você são bons*, e ele não desperdiça tempo com sonhos que não têm importância.

O seu sonho também tem importância, porque Deus a ama com fervor, menina. O que importa para você importa para ele. Ele quer vê-la brilhando para ele como as estrelas. O seu sonho estabelecido por Deus não trata de você. Trata da glória dele. Você faz parte dele, porque ele a ama e quer vê-la envolvida em fazer o que ele a criou para fazer. Isso trará grande alegria para você. A glória dele e a sua alegria são uma combinação campeã.

Eu sei que, se você tivesse um dia como o que eu tive hoje, estaria tentada a pensar: "Por que me dar ao trabalho? Por que falar, compartilhar, realizar, fazer ou ir atrás de qualquer coisa que se pareça remotamente com um sonho estabelecido por Deus?" *Alguns dias parecem terrivelmente comuns.* Mas nesses dias comuns Deus está tornando você parecida com ele. Ele está trabalhando por trás das câmeras para preparar a hora e o lugar para o seu sonho alçar voo.

E, no tempo dele, o seu sonho vai voar, amiga que sonha. Você ficará muito feliz por não ter perdido nenhum momento deslumbrante da jornada.

Até os dias comuns cheios de roupas para lavar como hoje.

BROOKE

O QUE É UMA VIDA EXTRAORDINÁRIA?

O que é necessário para sair do comum para o extraordinário? Como uma vida muda de sem graça para linda? O que se requer para viver uma vida na busca apaixonada por Deus, seu plano e seu propósito?

Parece existir um impulso entre os cristãos para "fazer algo importante" para o reino de Deus. Merecidamente, com crianças passando fome, mulheres sendo estupradas, bebês sendo abortados à força e famílias tomando lama em vez de água limpa.

É claro que existe muito trabalho — boa obra — a ser feito e eu não sou contra nada disso. A minha família apoia com paixão o Centro de Gestações de Risco da nossa cidade, a Sociedade MOB está se preparando para sustentar um missionário por meio da Aliança *Global Wycliffe* e eu dou o meu tempo e as minhas palavras sempre que posso para as pessoas sem Bíblia na sua própria língua nativa apoiando uma organização que também trabalha com traduções da Bíblia, chamada *Seed Company* [Companhia sementeira].

Todas essas coisas são boas, necessárias e valem a pena. Elas são reais. As pessoas que elas servem são reais. As necessidades são reais. Algumas dessas situações são desesperadoras — de vida ou morte — e exigem um sacrifício pessoal intenso para fazer até mesmo as menores mudanças.

Admito que, ao ler a história das pessoas que têm a vida transformada por meio desses ministérios — algumas chegando a ouvir de Cristo pela primeira vez —, senti-me movida a agir. Eu observava como as mulheres que admiro viajam para fora do país, chamando a atenção para aqueles que precisam demais do nosso cuidado, nosso amor e de dinheiro, e pensava: "Isso, sim, deve ser uma vida extraordinária!" Viajar, ver, espalhar a palavra para que outras pessoas possam se envolver.

Eu ouvia como os escritores e palestrantes cristãos compartilham a palavra de Deus com paixão diante de milhares de ouvintes, mudando para melhor a vida de um número incontável de pessoas, e pensava: "Isso, sim, deve ser uma vida extraordinária!" Estudar, treinar, oferecer o coração puro para que outros possam conhecer a verdade.

Uma vida que realmente faz a diferença. Uma vida que é linda de verdade. Uma vida gasta para a glória de Deus. Essas coisas... *elas* é que devem ser uma vida extraordinária.

E ainda assim...

Ainda assim como mãe — apenas uma mãe simples, que fica em casa — que trabalha no escritório de casa, o qual também serve como sala de aula para os meus filhos, e da qual ela precisa tirar o globo terrestre (que usa quase toda semana para ensinar aos seus filhos que o mundo é muito maior do que nós podemos ver) pendurado na janela para não aparecer no vídeo caseiro — às vezes eu olho para esses transformadores do mundo e fico tentada a pensar que os meus próprios esforços são lamentavelmente desprovidos de algo extraordinário.

A mãe que diz "Ame os outros mais do que você se ama" pela centésima vez no mesmo dia...

Que lava uma pilha de louça pela segunda vez em 24 horas...

Que luta só para conseguir um minuto para lavar o cabelo...

Que deixa o trabalho que significa tudo para ela esperando, porque aquele pequenino está precisando ouvir mais uma vez que é amado...

Que ora sem parar implorando que Deus tome conta de uma coisa bem pequena e percebe que parece que ele está interessado em coisas maiores...

Que pede diariamente que Deus lhe dê alegria nas coisas banais, que a impeça de perder a cabeça enquanto os irmãos estão brigando por nada DE NOVO...

A vida dela pode se parecer um pouco com aquele globo pendurado na janela, com um lampejo muito distante das coisas extraordinárias — as coisas que ainda precisam ser vistas, consertadas — e o comum ou ordinário a encarando de perto, deixando-a com a sensação de que a sua contribuição para o mundo não é tão importante assim.

Fico me perguntando quando a maternidade deixou de ser extraordinária.

Não que as pessoas em terras estrangeiras, ou mesmo as do final da rua, não precisem que alguém chegue até elas em nome de Jesus, mas as pessoas debaixo do nosso nariz e todo o sacrifício necessário para amá-las da forma correta precisam de nós de igual maneira.

Quando incentivar as mulheres a *amarem o seu marido e os seus filhos, serem controladas, puras, boas donas de casa, gentis e submissas ao seu marido* se tornou ultrapassado? Quando deixamos de acreditar que o chamado para ser mãe, amar um homem, o serviço de casa e o sacrifício pelo bem da criação de crianças piedosas era verdadeiramente extraordinário? Quando começamos a acreditar que deve existir algo mais, alguma coisa maior, mais importante para nos qualificar como extraordinárias?

A maternidade costuma não ser vista. Não ser percebida. E a mudança que ela evoca na vida de geração sobre geração — embora tenha o potencial de impactar o reino de formas intensas e profundas que não se mencionam — é lenta, maçante e requer diligência, paciência e sacrifício... dia após dia, após dia. Não existe glória no chamado de gerar a vida até que essa criança se levante e nos chame de abençoada... SE essa criança se levantar e nos chamar de abençoada.

Mas eu digo que olhar firme e profundamente nos olhos do ordinário e chamá-lo de extraordinário exige um grau de fé ainda maior.

Não que o nosso mandamento de *ir e pregar o evangelho a todas as nações* não devesse fazer que alguns de nós fôssemos fisicamente. Deve fazê-lo e o fará. Grandes sacrifícios serão exigidos dos que obedecerem ao chamado. Mas ir a todas as nações deveria incluir os pagãozinhos que temos em casa.

Aqui, no tumulto das crianças com fraldas sujas, nariz escorrendo, coração egoísta, irmãos malcriados, pecadores, preguiçosos, carentes e às vezes intratáveis. Aqui, no tumulto dos casamentos às vezes ingratos. Aqui, no tumulto dos chamados importantes que ficam em segundo plano para aquele que é o chamado ainda mais importante — amar a nossa família da forma correta. O extraordinário é *aqui*, independentemente do que estiver acontecendo *lá*.

Mamãe, a sua vida — com todos os altos e baixos, começos e fins, vitórias e derrotas, louvores e mágoas — é extraordinária. Você não precisa acrescentar mais nada à sua lista de afazeres para ser linda. Você pode buscar Deus, o seu plano e o seu propósito com paixão exatamente onde você está, com o grupo de pessoas que mais precisam que você lhes fale do evangelho.

Todas as pequenas formas de servir, se sacrificar, acreditar, orar, compartilhar e amar... somadas a tornam extraordinária. Você não é nem um pouco desprovida do extraordinário, e Deus diz que é o bastante. Eu estou reivindicando a palavra "extraordinário" para a vida de mãe simples, rotineira e do arroz com feijão. Você concorda comigo?

VEJA O QUE É LUTAR PELOS SEUS FILHOS

Uma coisa que eu não quero que você pense é que sou um arraso.

Na maior parte do tempo, sou uma mãe... total e completamente confusa, como você, tentando sobreviver num mundo louco que quer tirar tudo o que tenho para oferecer.

O meu tempo acaba. A minha paciência acaba. O meu papel higiênico acaba. O meu dinheiro acaba. Eu me acabo. (Em outras palavras, eu não consigo fazer tudo.) Às vezes tudo o que quero é desistir, jogar tudo para o alto e esperar que as coisas voltem ao lugar. Mas vários meses atrás, num tempo de oração profunda e intensa, Deus deixou claro para mim que os meus filhos precisavam de alguém para lutar por eles, e que essa pessoa precisava ser eu.

Então, eu estou lutando.

Nem sempre acerto e, às vezes, acho que estou fazendo tudo errado. Mas estou lutando. Estou dando tudo o que tenho nessa batalha pelo coração deles e confiando que Deus vai cuidar do resto.

Mas essas coisas pelas quais estamos lutando não acontecem da noite para o dia. Eu gostaria que sim. Gostaria que, quando eu olhasse os meus filhos nos olhos — olho no olho e de coração para coração — e compartilhasse os segredos da vida, eles criassem raízes e frutificassem imediatamente. Na maioria das vezes, não é assim que acontece. Só hoje, o meu mais velho perdeu a cabeça. Pela graça de Deus, reconheci essa situação como uma oportunidade de sondar o coração dele, de modo que me abaixei, o coloquei no colo e perguntei:

— Filho, aonde nós vamos para encontrar a verdade?

A resposta dele? — Na Bíblia.

— Isso mesmo, filho, eu disse. — Nós vamos à Bíblia para encontrar a verdade. Ela nos ajuda a saber a diferença entre o certo e o errado. Agora há pouco, você achou justo agir desse jeito, porque achou que estava certo. Mas a Bíblia diz que a sua reação foi muito errada. Então, se nós pensamos que uma coisa é certa, mas a Bíblia diz algo diferente, em quem devemos acreditar?

Ele ficou olhando para baixo por um tempo e disse:

— Na Bíblia.

— Isso mesmo! — a mamãe feliz disse. — Então, se nós sentimos que estamos certos, mas a Bíblia diz que estamos errados, quem precisa mudar?

— Nós — ele disse.

Eu o abracei apertado e sussurrei no seu ouvido:

— Não se esqueça disso, filho. Isso vai ajudar muito a sua vida toda.

Saí dessa conversa me sentindo ótima. Mas você não sabe (eu aposto que você pode imaginar...). Depois, nesta tarde, tivemos de lidar com a mesma coisa, tudo de novo.

Eu costumava me sentir um fracasso total quando essas coisas aconteciam, porque, com certeza, se me saio mal, é porque sou uma mãe ruim e, com certeza, o meu filho vai ter dificuldade com essa questão o resto da vida dele, certo?

Errado. Criar filhos bons, respeitáveis e (com esperança) piedosos leva tempo. Se nos sairmos mal, existem novas misericórdias para amanhã, e certos esforços só trazem resultado com o tempo. Mas só um novo dia pode nos fazer acreditar nisso. Só o presente do tempo e da perspectiva dá a uma mãe esperança para acreditar que as coisas vão mudar e força para manter os seus pés na direção nesse dia.

Fé é acreditar que o que nós não podemos ver será realidade. Por quê? Porque a palavra de Deus nunca volta vazia, e o coração de uma mãe lutadora é um coração que agrada a Deus.

Então nós continuamos lutando. Continuamos tendo esperança. Continuamos sondando o coração deles. Continuamos oferecendo tudo isso como um presente para Deus... uma forma de servi-lo e engrandecer o seu nome com a nossa própria vida.

Sobre as autoras

STACEY THACKER

Stacey é esposa de Mike e mãe de quatro meninas vibrantes. Ela é uma escritora e palestrante que ama a palavra de Deus e uma xícara de café. Sua paixão é se conectar com mulheres e encorajá-las em sua caminhada com Deus. Stacey é proprietária de *Mothers of daughters* [Mães de meninas], um *blog* para mães modernas que querem criar meninas com verdades atemporais e valores clássicos. É também autora de *Being OK with where you are* [Ficando bem onde você estiver]. Você pode encontrá-la *blogando* em <www.staceythacker.com> ou passeando no Twitter @staceythacker.

BROOKE McGLOTHLIN

Brooke é cofundadora do Ministério de Criação de Meninos, onde mães e pais vão para descobrir prazer no caos de criar filhos do sexo masculino. Você pode encontrá-la escrevendo sobre a luta pelo coração dos seus filhos no *blog MOB Society* ou vivendo uma vida na busca por Jesus no seu *blog* pessoal <www.brookemcglothlin.com>. Ela é a autora de *Praying for boys: asking God for the things they need most* [Orando por meninos: pedindo a Deus aquilo de que eles mais precisam] e outros livros para mães.

Num dia normal, Brooke se encontra dando aulas em casa (*homeschool*) para os seus dois filhos, cuidando de dois labradores enormes, Toby e Siri, escrevendo para trazer esperança para as complicações da vida (em meio à sua própria vida complicada) e se apaixonando cada vez mais pelo homem por quem tinha uma queda desde os 8 anos de idade (que, por coincidência, é o seu marido).

Sua opinião é importante
para nós. Por gentileza envie
seus comentários pelo *e-mail*
editorial@hagnos.com.br

UNITED PRESS
um selo editorial hagnos

Visite nosso *site*: www.hagnos.com.br

Esta obra foi composta na fonte
Revival 11/14,25 e impressa na
Imprensa da Fé.
São Paulo, Brasil.
Outono de 2017.